꿈꾸는 자들의 도시

뉴욕을
그리다

꿈꾸는 자들의 도시 뉴욕을 그리다

초판 1쇄 발행일 2022년 2월 25일
초판 2쇄 발행일 2022년 5월 30일

지은이 김미선
펴낸이 양옥매
디자인 표지혜
교　정 조준경
삽　화 김미선

펴낸곳 도서출판 책과나무
출판등록 제2012-000376
주소 서울특별시 마포구 방울내로 79 이노빌딩 302호
대표전화 02.372.1537　팩스 02.372.1538
이메일 booknamu2007@naver.com
홈페이지 www.booknamu.com
ISBN 979-11-6752-104-0 (03940)

꿈꾸는 자들의 도시

뉴욕을
그리다

글 · 그림 **김미선**

맨해튼 지도

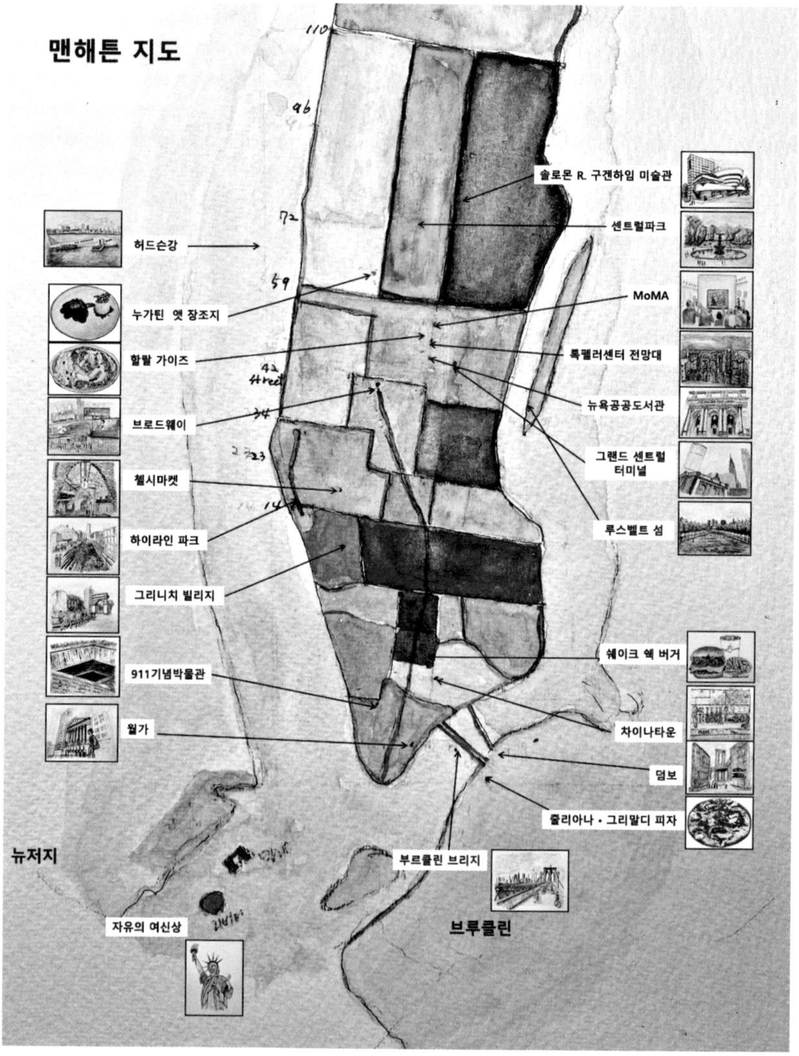

110
96
72
59
34
23
14
솔로몬 R. 구겐하임 미술관
센트럴파크
허드슨강
MoMA
누가틴 앳 장조지
할랄 가이즈
록펠러센터 전망대
뉴욕공공도서관
브로드웨이
그랜드 센트럴 터미널
첼시마켓
루스벨트 섬
하이라인 파크
그리니치 빌리지
쉐이크 쉑 버거
911기념박물관
차이나타운
월가
덤보
줄리아나 · 그리말디 피자
뉴저지
부르클린 브리지
자유의 여신상
브루클린

뉴욕, 아날로그로 만나다

:: 이동미(여행작가, 건국대학교 문화콘텐츠학과 겸임교수) ::

세상은 빠르게 디지털로 향하지만 누군가는 아쉬움에 레트로를 찾습니다. 디지털로 달려가는 거리만큼 아날로그가 받쳐 줘야 우리 삶은 균형이 맞는다고 합니다.

관광명소를 찾아 인증샷 찍기에 바쁜 현대인들에게 삭가는 '자세히 보아야 예쁘다'는 나태주 시인의 글귀를 되뇌게 합니다. 찰칵하며 '렌즈'를 통해 '순간'을 잡는 사진과 달리, 천천히 머무르고 느끼며 작가의 '눈'을 통해 '공간과 시간'을 그려 냅니다.

그리고 그 공간에 그 사람이 있었음을 기억하게 합니다. 그래서 관광명소를 찾던 발길을 '사람'으로 돌려 뉴욕의 역사와 이야기를 들려줍니다. 이제 뉴욕의 거리에서 인문학을 만나 보시기 바랍니다.

이동미

삶을 바꿔 줄 만한 여행, 어때요?

여행지 중에 최고가 '뉴욕'이라고 하면 화려하고 예쁜 것만 밝히는 줄로만 알 것이다. 누군가가 "누가 뉴욕 인물에 대해 관심을 갖니? 맛집에 대해 써 봐."라고 조언을 해 줬지만, 굳은 의지와 강한 열정을 가진 뉴욕 사람들을 포기할 수 없었다. 여행하고 글을 쓰며 받은 감동을 전하고 싶어 미칠 지경이어서 이 책을 내놓는다.

혼자 낯선 곳에 짐 풀어놓고 잠시라도 살아 보는 일은 거의 모든 이의 로망이다. 그곳이 세계 최고가 모인다는 뉴욕이라면 더 가슴 뛰는 일! 뉴욕에 두어 달 머물며 매일같이 뉴욕 곳곳을 찾아다녔고 모든 순간과 상황을 카메라에 담았다.

19세기 미국 경제가 발전하고 거부들이 등장하며 뉴욕이 상업, 금융, 무역, 패션과 예술의 중심지가 된 역사와 그에 따른 인물들의 이야기는 잠자던 세포를 흔들어 깨웠다. 무심코 먹은 햄버거, 그저 편하고 좋다고만 생각했던 공원, 멋진 다리와 박물관이 누군가 사랑하는 일에 미친 듯이 집중하고 실패해 가며 집념과 인내로 일궈 낸 성과물이었음이 감동으로 다가왔다.

　뉴욕 시민과 후손들 그리고 여행자들까지 덕을 보는 기부 문화는 그저 알차고 흥미로운 여행을 넘어서게 했다. 여행자로서 인기 있는 장소를 찾아가던 걸음은 장소와 인물을 연결하게 하고 새로운 각도로 뉴욕을 보게 했다. 세상을 움직이는 것은 '사람'이고 '그 가치관과 의지'에 의해 세상은 변화하고 또 다른 결과물을 만들어 왔다.

　뉴욕에서 돌아와 당시의 감정과 느낌을 오롯이 담기 위해 글을 쓰기 시작했다. '장소'만 보던 눈길이 '인물'로 넘어가니 가슴이 마구 뛰었다. 보충 취재를 위해 뉴욕을 한 번 더 다녀왔다. 2주 동안 미슐랭 3스타 셰프를 만났고, 할랄가이즈, 쉐이크쉑이나 그리말디 피자 직원들에게 더 많은 정보를 물었다. 인물이 주인공이 되니 또 다른 세계가 펼쳐져 다각도로 관찰하고 접근하게 된 것이다.

　장소와 인물을 연결하는 작업이 쉽지만은 않았다. 그들의 저서와 그들을 다룬 책, 실화를 바탕으로 한 영화 등 한 인물에 대한 방대한 자료와 성향 중에서 우리 삶을 반추할 만한 관점을 끌어내 보았다. 물론 생존해 계시고 여전히 왕성한 활동을 하는 분이 있어 글을 쓰기에 조심스러운 면도 있지만, 최대한 그분들에게 누가 되지 않으려 노력했다.

뉴욕에 대해 글을 쓰는 사이, 세상은 코로나19로 멈추었고 집콕 시간이 길어졌다. 사회적 거리 두기 기간에 '가장 하고 싶었던 일을 해 보자'라는 생각으로 수채화 드로잉에 도전했다. 뉴욕에서 찍은 사진을 드로잉으로 바꿔 보자는 욕심이 생겼다.

한 장소, 한 순간을 그리기 위해 세밀하게 관찰했다. 찍어 온 많은 사진 중에 스토리에 맞는 컷을 골라 강조하고 싶은 부분은 드러내고 중요하지 않은 부분은 없애거나 흐리게 표현했다. 자유의 여신상과 뉴욕 공공도서관 사자상에 마스크를 씌워 역사의 한 페이지를 그림으로 남겨 보았다. 텅 빈 레스토랑과 브로드웨이는 되도록 많은 사람을 그려 온기를 불어넣었다.

기계에 의해 한순간을 포착한 디지털의 상징인 사진은 느낌과 감정을 담아 아날로그로 다시 태어났다. 동영상의 홍수 속에서 빠르게 변화하는 디지털 시대에 수채화 물감이 천천히 번져 가며 주는 '느림의 미학'은 '여유'를 선사해 주었다.

프로가 아니기에 어설픈 점이 있지만 전하고자 하는 감동과 의미를 드로잉에 온전히 담아내려 했다. 드로잉 일부는 원본 사진을 첨부해 사진과 그림을 비교해 볼 수 있도록 하였고, 완성된 드로잉은 전시하고 그림엽서로도 활용할 생각이다.

　뉴욕을 여행하고 공부한 모든 열정과 에너지를 책 속에 담았다. 뉴욕의 인물에 관한 이야기는 뉴욕의 역사이고 우리 시대의 모습이며 알아갈수록 사람을 변화시키는 인문학이다. 글 속의 인물들은 자신감이 떨어지고 무기력해질 때마다 '지금 이럴 때가 아니야. 다시 일어나야 해.'라며 하루에도 몇 번씩 필자를 벌떡 일으켜 세웠다.
　이제 그 느낌을 나누려 한다. 자기 일에 굳은 의지와 강한 열정으로 임한 인물들이 뉴욕을 다시 보게 하고 뉴욕의 매력에 빠지게 하고, 자신감과 용기를 충전해 줄 것이다. 낯선 곳을 여행하고 싶은 사람에게 조금이나마 대리 만족이 즐거움을 선사할 것이다.

　요즘 우리는 많은 것을 깨닫는다. 코로나19로 여행이 어려워지니 자유롭게 여행하던 때가 얼마나 소중한지 가슴 저리게 알게 된 것도 그중하나다. 여행의 형태는 여러 가지, 힐링하며 쉬는 것도 좋지만 기왕에 시간과 돈을 투자해서 하는 여행이라면 공부를 곁들인 진지한 여행을 해 보자.
　책 한 권, 영화 한 편, 한 번의 여행이 삶을 바꾸기도 한다. 그런 면에서

이 책이 그저 일탈과 스트레스 해소를 넘어 삶을 바꿔 줄 만한 진지한 여행을 준비하는 분들에게 도움이 되기를 바란다.

2022년 새해를 맞이하며

김미선

추천사　　　　　　　　　　　　　　　　　　5

프롤로그　　　　　　　　　　　　　　　　　6

1부

노력과 인내 후에 찾아오는 것들

01. 행복하게 살 수 있는 길 | 월가와 짐 로저스 · 16

02. 뉴욕에 하루를 머문다면 | 덤보와 제인 왈렌타스 · 26

03. 바람만이 아는 무명 뮤지션의 대답 | 그리니치 빌리지와 밥 딜런 · 36

04. 고기를 잡아 주지 말고 잡는 법을 가르쳐라 | 첼시마켓과 마이클 블룸버그 · 45

05. 건물을 짓는 일이 바로 한 인생을 만들어 내는 일 | 루스벨트섬과 루이스 칸 · 54

06. 진주를 버릴 수 있는 용기 | 브로드웨이와 마이클 리 · 67

07. 작품 수천, 수만 개가 만들어 내는 힘 | 차이나타운과 강익중 · 75

2부

이게 바로 기적

01. 지금이 인생에서 가장 젊은 때 | MoMA와 모지스 할머니 · 84

02. 집념의 끝판왕 가족이 세운 공 | 브루클린 브리지와 존 A. 로블링 가족 · 95

03. 왜냐고요? 꿈을 이룬 것뿐인데… | 센트럴파크와 필리페 페팃 · 103

04. 100살이 넘었네요, 여전히 멋져요 | 패션 아울렛과 아이리스 아펠 · 114

05. 우리는 허드슨강으로 간다 | 허드슨강과 체슬리 설리 설렌버거 · 123

06. 무조건 막아야 한다 | 911 기념 공원과 UA93 값진 희생자들 · 133

3부

뉴욕을 지탱하는 힘

01. 전혀 이루어지지 않을 헛된 꿈처럼 보일지라도 | 하이라인 파크와 하이라인 친구들 · 142

02. 1달러의 힘을 보여 주세요 │ 자유의 여신상과 조지프 퓰리처 · 151

03. 부(富)를 유지하는 비결은 │ 록펠러센터 전망대와 존 D. 록펠러 · 162

04. 굳은 의지를 쌓아 만든 거대한 예술작품 │ 솔로몬 R. 구겐하임 미술관과 프랭크 로이드 라이트 · 171

05. 역이야? 궁이야? │ 그랜드 센트럴 터미널과 코넬리어스 밴더빌트 · 180

06. 낙서를 지운 후에 찾아오는 것들 │ 뉴욕 메트로와 루돌프 줄리아니 · 190

07. 도서관에서 별걸 다 하네! │ 뉴욕 공공도서관과 위대한 독자들 · 197

4부

심오한 철학이 담긴 뉴욕의 대표 한 끼

01. 그곳에선 모두 행복한 돼지가 된다 │ 할랄가이즈와 노란 셔츠를 입은 장인들 · 206

02. 햄버거 하나라도 고급 레스토랑에서 │ 쉐이크쉑 버거와 대니 메이어 · 214

03. 미슐랭 스타 셰프를 만나다 │ 누가틴 앳 장조지와 장 조지 · 223

04. 피자에 인생을 건 사람들 │ 줄리아나&그리말디 피자와 피자 장인들 · 233

1부 노력과 인내 후에
찾아오는 것들

행복하게 살 수 있는 길

:: 월가와 짐 로저스 ::

세계 금융의 중심지 월가(Wall Street)는 생각보다 길이 좁고 어둡다. 삭막하던 빌딩 숲은 수많은 여행자의 잔잔한 대화와 웃음 덕분에 활기차고 훈훈해진다. 증권거래소 앞에 서니 우리나라 TV에 출연해 투자에 대해 조언을 아끼지 않던 월가의 전설, 짐 로저스(Jim Rogers, 1942~)가 생각난다.

세계 경제 중심지, 월가에 서서

월가에 여행객들이 꽤 많다. 증권거래소, 나스닥, 증권사 등이 하늘을 찌를 듯이 뻗어 있다. 여행자들 사이에 멈춰 서서 고개를 90도로 젖혀 마천루 끝을 보고 나니 어질어질하다.

뉴욕 증권거래소(The New York Stock Exchange)가 내뿜는 아우라(Aura)는 굉장하다. 100년이 넘는 건축물에서 위엄이 느껴지고 세계 금융의 역동적인 심장 소리가 들리는 듯하다. 증권거래소 앞은 경찰들의 보안 경비가 삼엄하고 바리케이드가 쳐 있어서 괜히 주눅이 든다. 증권거래소 내부 투어는 가능했다는데 아쉽게도 911테러 이후부터 금지되었다.

월가는 17세기 중반에 네덜란드인들이 인디언의 공격을 막기 위해 벽을 세운 것에서 유래한다. 1699년 영국에 의해 벽이 철거되었고 18세기 후반에서 19세기 중반 사이에 뉴욕 증권거래소 등이 세워지면서 금융가가 되었다.

페더럴 홀 국립 기념관(Federal Hall National Memorial)은 어두침침한 월가에서 유일하게 햇빛 양분을 충분히 받고 있는 곳이다. 뉴욕이 미국 수도였을 때 정부 청사였고, 초대 대통령 조지 워싱턴의 취임식을 했던 곳으로 현재는 초기 연방정부 자료를 전시하는 기념관이다. 양지바른 기념관 앞 계단에 앉아 끝없이 밀려들어 오는 세계 각국에서 온 여행자들을 구경하며 여유를 부려 본다.

기념관 앞에 월가의 주인처럼 서 있는 조지 워싱턴 동상은 함께 사진 찍으려는 여행자를 맞이하느라 무척 바쁘다. 월가에서 은근히 보기를

월가는 좁고 어두우며 많은 사람들로 붐빈다.

기대했던 짐 로저스 같은 월가 맨은 거의 보이지 않는다.

월가에 늘 훈훈한 바람이 불기를 기원한다.

짐 로저스는 우리나라 TV에 종종 등장해 자신감 있는 모습으로 투자 요령이나 미래를 전망하며 월가의 전설로 통하는 투자 전문가이다. 20대 (1969년)에 헤지펀드[1] 일인자 조지 소로스와 퀀텀펀드를 공동 설립해 10년 동안 4,200% 수익률을 냈고, 워런 버핏(Warren Edward Buffet, 1930~), 조지 소로스(George Soros, 1930~)와 함께 세계 3대 투자자이다.

짐 로저스가 월가를 떠난 이유

짐 로저스는 한창 일할 나이인 37세(1980년)에 월가를 은퇴하고 세계 여행을 떠났다. 짐 로저스의 투자 능력이 부럽고 쇼킹하지만, 그의 여행에 너 관심이 간다. 여행을 하면서 각 나라를 분석하고 투자도 했다.

---

1 • 헤지펀드: 개인이 모집하는 투자신탁으로 100명 미만의 투자가들로부터 개별적으로 자금을 모아 파트너십을 결성한 뒤 자금을 운용하는 투자신탁을 의미한다.

첫 번째 여행은 1990년, 오토바이 한 대로 22개월 동안 6개 대륙 52개 국(65,067마일)을 다녔다. 두 번째 여행은 1999~2002년에 아내 페이지 파커(Paige Paker)와 함께 벤츠를 타고 116개국(내전 중이던 열다섯 개 나라 포함, 15만 2,000마일)을 다녔다. 짐 로저스는 2번의 세계 여행을 하고 기네스북에 자신의 이름을 올렸다.

> **"월스트리트에서 너무 행복했습니다. 전 세계에 어떤 일이 돌아가는 지, 어떤 일이 벌어질지만 알면 돈을 많이 벌 수 있었으니까요. 하지만 주 7일, 하루 14~15시간씩 강도 높은 업무를 소화하면서 원래 계획과 멀어지고 있다는 생각이 들었습니다. 세계 여행을 떠나 투자 현장을 눈으로 보고 싶었습니다. 그것도 오토바이로 말입니다. 흥미 있는 분 야에서 모험하다 행복하게 죽을 수 있는 길을 가기로 했습니다."**
>
> _짐 로저스, 『월가의 전설, 세계를 가다』 중에서

짐 로저스는 하루에도 몇 번씩 요동치는 기업들의 주가를 보며 이 세상을 있는 그대로 보고 싶어 세계 여행을 떠났다. 오토바이를 타고 길도 없는 벌판을 달리고 전염병과 내전이 있는 아프리카, 남미의 밀림 지역도 달렸다. 특히 죽음의 위험이 도사리는 사하라 사막에서 뜨거운 모래 위를 달릴 때의 두둑한 배포와 모험심에서 그의 투자 성공의 원동력이

느껴진다.

여행하며 각 나라의 자연, 사람들, 문화, 종교와 산업을 유심히 관찰한 후 경제 전망과 투자 전략을 제시했고, 직접 투자도 했다. 1980년대에 침체한 오스트리아 주식시장을 일으켰고, 1990년에 '중국에는 잠자는 용이 깨어나고 있으며 21세기는 중국의 시대가 될 것'이라고 내다봤다. 현재 부인, 두 딸과 함께 싱가포르에 살고 있다. 주거지를 뉴욕에서 싱가포르로 옮긴 이유는 두 딸이 아시아, 즉 중국의 발전에 대비하길 원해서다.

"그동안 장기 침체하여 온 농업이 발전할 것이니 모두 트랙터 운전을 배워라."

짐 로저스는 우리나라의 많은 젊은이가 공무원 시험을 준비하는 것에 대해 걱정하며 앞으로 농업을 해야 부자가 된다고 조언하곤 한다. 농업은 우리에게 필수적이며 언제나 함께 가야 하는 산업이며, 과거에 우리나라에서 농부들이 부자였던 것처럼 그런 시기가 다시 도래한다는 것이다.

농업에 종사해서 고생만 하고 돈벌이도 별로 되지 않는 부모 세대를 생각하면 선뜻 이해하기 힘들지만, 농업은 인간의 기본 욕구를 충족시켜 주는 산업이고 앞으로 아무리 기술과 과학이 발달해도 절대로 없어지지 않을 직종이다. 젊은 세대의 기발한 아이디어, 기술과 전략이 농업에서 발휘된다면 고부가가치 산업으로 확실히 자리매김할 것이다. 짐의 조언에 고개가 끄덕여진다.

월가의 양쪽 끝에 꼭 가 볼 만한 명소가 있다. 이스트강(East River) 쪽으로 나가면 19세기 뉴욕항의 중심지였던 뉴욕 사우스 스트리트 씨포트(South Street Seaport)가 눈앞에 펼쳐진다. 브루클린, 브루클린 브리지를 한눈에 볼 수 있으며 20세기 초 배들이 전시되어 정박해 있다. 현재 그 주변은 도시 재생 사업을 거쳐 뉴욕의 대표적 관광 명소이며 누구나 부담 없이 즐길 수 있는 휴식 공간이다.

반대편으로 나가면 트리니티 교회(1697년)가 있다. 뉴욕에서 가장 오래된 교회이며 뉴욕의 역사와 함께해 온 산증인이다. 트리니티 교회는 온통 현대식 초고층 빌딩으로 둘러싸여 숲속에 홀로 핀 백합처럼 청초해 보인다.

월가를 벗어나 볼링그린(Bowinggreen) 가는 쪽에 황소상(Charging Bull)이 있다. 황소상은 강세장을 의미하며 주요 부위를 만지면 부자가 된다는 설이 있다. 여행자들을 비집고 황소 밑에 들어가 주요 부위를 만지니 이미 부자가 된 것처럼 기분이 좋다.

월가의 황소 그것을 만지면 부자 된다는 설이 있어서 늘 사람이 많다.

뉴욕 증권거래소 앞을 지나가는 마스크 쓴 간호사가 전 세계 팬데믹 상황을 대변한다.

많은 사람이 세계 여행을 버킷리스트에 올려놓고 도전한다. 여행의 이유와 목적은 제각각 다르다. 짐 로저스의 진정한 여행 목적은 무엇일까! 짐 로저스는 좋아하는 일을 찾아 도전하고 즐기는 삶을 위해 월가에서 은퇴하고 여행을 떠났다. '흥미 있는 분야에서 모험하다 행복하게 죽을 수 있는 길을 택한 것'이라고 말한다.

짐 로저스의 여행은 '여행을 하는 방법과 이유'에 대해 다시 생각하게 한다. 코로나19로 인해 여행이 우리의 삶 속에서 얼마나 소중한지 가슴 저리게 깨달았다. 이제는 기왕 여행을 할 바에 '내 삶을 바꿀 수 있는 진지한 여행'을 계획해 보는 것도 좋겠다. 여행은 우리 삶의 모든 분야와 연관되어 있다. 자신이 좋아하고 관심 있는 분야와 관련된 여행을 한다면, 여행의 효과는 엄청나고 삶은 달라질 것이다.

:: 참조 ::

· 짐 로저스, 『월가의 전설, 세계를 가다』, 굿모닝북스, 2004

· 짐 로저스, 『어드벤처 캐피털 리스트』, 굿모닝북스, 2008

· KBS1 〈명견만리〉 65회, 66회

02

뉴욕에 하루를 머문다면

:: 덤보와 제인 왈렌타스 ::

덤보(DUMBO)는 생각만 해도 즐겁고 로맨틱한 곳이다. 예쁜 회전목마를 타면 누구나 영화 주인공이 된 듯한 착각에 빠진다. 한 예술가의 정성스러운 붓 터치로 회전목마가 다시 태어난 것을 알고 나면 더 큰 감동이 밀려온다.

덤보의 화려함을 만끽하다

'누들스와 그의 친구들이 옷을 잘 차려입고 길을 건너간다. 그렇게 멋진 옷과 모자는 난생처음이다. 꼬마는 더욱 신나 춤추듯 걸어가며 뒤돌아 형들을 쳐다본다. 그렇게 좋아하던 꼬마는 깡패 벅스의 공격을 받고

바로 죽는다.'

영화 〈원스 어폰 어 타임 인 아메리카〉의 한 장면이다. 뿌옇고 연기가 피어오르는 영화 포스터를 그리면서 레트로 감성에 푹 젖어 들며 실제로 브루클린 덤보에 있는 것 같은 착각이 인다.

주황색 벽돌 건물 사이로 맨해튼 브리지와 강 건너 맨해튼까지 보이는 영화 포스터 배경이 된 장소는 현재 브루클린 덤보의 최고 포토존이다. MBC 〈무한도전〉 출연진들이 정장을 쫙 빼입고 찍은 화보는 더 많은 한국 여행자들을 불러 모으고 있다.

〈무한도전〉 흉내를 내며 덤보에서 인증샷을 찍은 후 이스트강 강가로 나가면 눈이 번쩍 뜨인다. 브루클린 브리지와 이스트강 너머 맨해튼 마천루가 조화를 이루어 숨 막히게 아름답다. 멋진 경관에 취해 강가를 살랑살랑 걷다 보면 브루클린 브리지 아래, 아크릴 전시관 안에 자리 잡은 회전목마가 눈에 띈다. 100년이 넘은 브루클린 브리지의 강한 포스에도 전혀 기죽지 않는, 아름다운 회전목마는 정신없이 카메라 셔터를 누르게 한다.

화려한 회전목마에 오르니 세상의 주목을 혼자 받는 기분이다. 아무에게나 손을 흔들고 가장 멋진 자세로 포즈를 취해 본다. 옆 목마에서는 특별 이벤트를 하며 달콤한 키스를 하고, 예비 신랑 신부는 세상에서 가장 행복한 모습으로 웨딩 촬영을 한다. 클래식 음악은 분위기를 한층 고

영화 원스 어폰 어 타임 인 아메리카의 포스터.
무한도전 팀도 멋있는 화보를 찍어 우리에게도 익숙하다.

조시키고 이스트강, 브루클린 브리지, 맨해튼 빌딩 숲과 빈티지 느낌의
브루클린은 배경 화면으로 빠르게 나타났다 사라진다. 장면, 장면마다
황홀한 풍경이다. 회전목마가 7바퀴 도는 동안 주변의 빛나는 모습이
가슴속에 차곡차곡 쌓이며 한 편의 영화가 완성된다.

　귀하신 회전목마는 집 안에 들어앉아 있다. 건축계의 노벨상이라 불
리는 프리츠커상(Pritzker Architecture Prize)을 수상한 건축가 장 누벨
(Jean Nouvel, 1945~)의 작품인 아크릴 전시관(Pavilion) 안에서 햇빛과

비바람으로부터 보호되고 있다. 아크릴 전시관은 완전히 오픈할 수 있다.

회전목마는 놀이동산도 아닌 공원에 달랑 하나 있는 놀이기구라서 눈에 확 들어온다. 고혹적인 아름다움을 내뿜는 회전목마가 덤보 공원에 자리 잡은 것은 예술가 제인(Jane)과 남편 데이비드(David Walentas)의 노력 덕분이다.

영화 주인공으로 만들어 주는 '제인의 회전목마'

"브루클린은 가지 마, 위험하니까…" 몇 년 전 뉴욕 간다고 하니까 친구가 해 준 말이다. 브루클린은 1980년대까지도 낙후되고 위험한 곳이라 이방인들이 가기를 꺼리던 곳이었다. 브루클린 브리지 아래 엠파이어 풀턴 페리 공원(Empire Fulton Ferry Park)도 불모지나 다름없었다.

브루클린은 20세기 초 아메리카 드림을 꿈꾸며 온 이민자들과 노동자들이 정착한 빈민촌이었고 공장지대였다. 요즘 브루클린 최고의 명소로 꼽히는 덤보는 맨해튼 브리지 아래 동네(DUMBO, Down Under the Manhattan Bridge Overpass)를 의미한다. 1970년대 말에 개발을 원하지 않은 거주민들이 아름답지 않은 이름으로 만들어 낸 말이다.

1980년대 말, 제인의 남편 데이비드는 덤보 지역 개발을 맡으며 사람들이 많이 오는 명소로 만들기 위해 회전목마를 설치했다. 제인과 데

덤보 제인의 회전목마 그림이 고풍스럽고 화려해 그림으로 다 표현할 수 없음이 아쉽다.

이비드는 모래 속에서 보석을 찾듯 미국 전 지역 옥션을 뒤져 오하이오 (Ohio)주에서 1922년에 제작된 회전목마를 385,000달러(한화 약 4억 5천만 원)에 사들였다.

회전목마는 필라델피아 토보간(Philadelphia Toboggan: 세계에서 가장 오래된 놀이기구 회사)에서 만들어진 미국 국가 사적지(National Register of Historic Places)에 등재된 일련번호(PTC #61)가 있는 역사적인 작품이다. 1970년대까지 오하이오주 영스타운의 아이도라 공원(Idora park)에서 운행되었다. 회전목마가 낡고 볼품없었지만, 역사와 스토리가 담겨 있고 48개의 말과 2개의 마차가 모두 온전했기에 제인은 아름답게 재탄생시킬 맘을 먹었다.

놀이동산에서 쉽게 볼 수 있는 회전목마의 역사는 생각보다 길다. 회전목마는 500년경 비잔틴 왕국의 부조 암각화에서 발견되었다. 처음엔 바구니에 앉아서 타던 것이 제1차 십자군 전쟁 이후에 말을 타기 시작했으며, 군인의 담력을 키우기 위한 훈련 목적으로도 사용되었다. 19세기 말에서 20세기 초는 유럽과 미국의 숙련된 예술가들이 멋진 회전목마를 만들었던 황금 시기로, 회전목마는 개인 수집가들의 애호품이었다.

제인은 '에스티 로더(Estee Lauder)' 아트디렉터 출신이며 뉴욕대학에서 미술 석사를 마친 예술가다. 회전목마 구매 후 덤보 작업실에 매일 출근해 회전목마를 연구·분석하고 복원하기 위해 정성을 쏟았다. 수십 년 동안 덧칠된 지저분한 칠을 모두 벗겨 낸 후 다시 그림을 그리고 칠을 해 22년 만에 당시(1922년)의 색깔과 디자인으로 회전목마를 복원해 냈다.

그렇게 제인의 회전목마는 2011년 9월 16일, 브루클린 브리지 공원에 모습을 드러내고 작동을 시작했다. 비영리 단체 'Friends of Jane's Carousel'은 회전목마의 전반적인 운영을 담당하고 있다. 제인의 열정과 노고로 탄생한 예술작품인 회전목마는 족보도 있으며 '제인의 회전목마(Jane's Carousel)'라고 불린다.

1990년대 브루클린이 개발되고 예술가들이 맨해튼의 높은 임대료를 피해 저렴한 곳을 찾아들어 와 정착하면서 달라지기 시작했다. 공장이었던 붉은 벽돌 건물 구석구석에 갤러리, 숍(shop), 레스토랑과 카페들이 들어섰고, 덤보는 웨딩 촬영, 이벤트와 인생샷을 찍는 로맨틱하고 즐거운 곳이 되었다.

뉴욕에 하루를 머무를 수 있다면 덤보를 가겠다는 이도 있고, 덤보를 가기 위해 뉴욕을 갔다고 하는 이도 있다. 더럽고 위험하던 브루클린은 역사 속으로 사라졌고 이제 안전하고, 문명과 자연의 환상적인 조화를 이루는 멋진 곳으로 바뀌었다. 브루클린 가치 상승에 제인의 회전목마도 큰 역할을 하고 있다.

22년이라면 꽤 긴 시간이다. 제인은 예술가로서 회전목마를 위해 청춘을 바쳤다고 해도 과언이 아니다. 제인의 숭고한 예술혼과 기부로 탄생한 회전목마는 밤하늘의 북극성처럼 덤보를 빛내고 있다.

회전목마 구매, 복원, 장 누벨에 의한 아크릴 전시관(Pavilion) 설치와 그 이후의 운영까지, 회전목마에 대한 비용 일체가 모두 제인의 기부로 이뤄지고 있다. 덕분에 뉴요커와 여행자들은 단 2달러로 귀하디귀한 회전목마를 탈 수 있다.

영화 속에서 화려한 주인공이 되어 놀다 보니 서서히 날이 저문다. 이스트강 강가 페블비치(Pebble Beach)에서 보는 맨해튼의 일몰은 살아 있을 때 꼭 봐야 하는 최고의 장면 중 하나이다.

:: 참조 ::

• The Story of Jane's Carousel — Interview w/ Jane Walentas (www. youtube.com/watch?v=fsPtaQLT2cU&t=145s)

• 김혁, 『테마파크는 학교다』, 웅진리빙하우스, 2011

뉴욕 덤보의 페블 비치에서 보는 일몰은 살아 있을 때 꼭 봐야 하는 최고의 장면이다.

03

바람만이 아는 무명 뮤지션의 대답

:: 그리니치 빌리지와 밥 딜런 ::

그리니치 빌리지

워싱턴 스퀘어 파크(Washington Square Park)는 늘 활기차다. 뉴요커와 여행자의 휴식처이고 음악이 끊이지 않는 공원이다. 여기저기 기웃거리며 분수대 한 바퀴만 돌아봐도 흥미진진하다. 기타 연주와 노래로 공원의 분위기를 이끄는 이름 모를 뮤지션은 훗날, 음악계에 큰 획을 긋는 인물이 될지도 모른다.

그리니치 빌리지에서 밥 딜런을 떠올리다

피아노 연주 소리가 들려오는 쪽을 향한다. 워싱턴 스퀘어 파크의 상징인 워싱턴 스퀘어 아치가 제일 먼저 눈에 들어온다. 〈해리가 샐리를 만났을 때〉, 〈어거스트 러시〉 등 영화 속에서 본 모습이라 늘 왔던 곳처럼 친숙하고 반갑다.

그랜드 피아노까지 밀고 나온 피아니스트가 그리니치 빌리지(Greenwich Village) 곳곳으로 고운 선율을 퍼트려 발길을 불러 모은 주인공이다. 넋 놓고 경쾌한 연주를 감상한 후, '어떻게 저렇게 큰 피아노를 밀고 나왔을까?'라는 감동이 더해져 환호와 함께 큰 박수를 보낸다.

워싱턴 스퀘어 파크는 그리니치 빌리지의 중심 장소이며 뉴욕대(NYU) 건물들에 둘러싸여 있다. 대학 건물들에 NYU 보라색 깃발만 내걸려 있고 캠퍼스가 따로 없어서 뉴욕대 학생들에게 워싱턴 스퀘어 파크는 학교의 일부이다. 덕분에 공원은 늘 활기차고 젊음이 넘친다.

기타 치며 열정을 뿜어내는 버스커와 흥을 함께 나누고, 의상까지 갖추고 단체로 춤추는 그룹과 하나 되어 춤을 추다 보니 시간이 훌쩍 지나버린다. 그리니치 빌리지는 20세기 초에 예술가, 배우, 작가들이 몰려들어 활동하고 거주했던 미국 보헤미안 아지트였다. 워싱턴 스퀘어 파크에서 자신들의 기량을 맘껏 뿜어내는 뮤지션들을 보니 2016년 노벨 문학상을 받은 미국의 싱어송 라이터(Singer Song Writer), 밥 딜런(Bob Dylan, 1941~)이 겹쳐 보인다.

밥 딜런은 대학을 중퇴(1961년)하고 그의 우상인 포크 가수 우디 거스

워싱턴 스퀘어 파크는 그리니치 빌리지 최고의 장소이다. (사진은 블로그 '건축과 도시')

리(Woody Guthry)를 찾아 그리니치 빌리지에 와서 노래하기 시작했다. 밥 딜런의 본명은 로버트 엘런 짐머멘(Robert Allen Zimmerman)인데, 영국 시인 딜런 토머스(Dylan Thomas)를 너무 좋아해서 개명한 이름이다. 그리니치 빌리지에 있는 클럽과 카페에서 고전 포크와 흑인들의 블루스를 부르다 콜롬비아 레코드사를 통해 가수로 데뷔(1962년)했다. 어쿠스틱 기타로 연주하며 포크송을 부르던 밥 딜런은 1965년 뉴포크 포트 페스티벌에서 전자기타를 들고 노래했다. 밥 딜런에 대한 영화 〈아임 낫 데어〉(2007)에서 보면 관중들이 도끼로 전선을 끊어 음악을 중단시키려하고 '유다의 배신'이라며 비난과 야유를 쏟아 내지만, 전혀 동요하지 않고 더 크게 연주했다.

밥 딜런은 그 누구도 예상하지 못한 포크에 록을 혼합한 음악, 포크록을 탄생시키고 로큰롤 밴드 비틀스와 롤링 스톤즈 등과 함께 대중가요의 큰 축을 만들어 냈다. 2016년 노벨문학상이 밥 딜런에게 주어졌을 때, 많은 사람은 밥 딜런이 누구인지 인터넷에 검색하기 바빴다. 가수가 노벨상을 받았다는 사실에 찬반 논란이 꼬리에 꼬리를 물고 이어졌다.

밥 딜런은 10살 때부터 시를 쓰고 프랑스 시인 아르튀르 랭보(Arthur Rimbaud, 1854~1891)의 시를 읽으며 자신의 시적 재능을 노랫말에 표현해 냈다. 주로 사랑·행복·이별 노래가 대부분이던 1960~70년대 당시, 미국에서 평화·인권·반전운동이 강화되던 때의 시내상을 반영한 파격적인 가사로 젊은이들의 우상, 저항의 아이콘이 되고 음유시인으로 불린다. 시보다 더 시적인 노래 가사 덕분에 밥 딜런은 노벨문학상을 거머쥔 것이다.

밥 딜런의 흔적을 따라 걷는 그리니치 빌리지

밥 딜런의 흔적을 따라 그리니치 빌리지를 걸어 본다. 소방 사다리가 있는 고풍스러운 집들, LP판과 CD가 즐비한 레코드 가게와 개성 있는 패션숍이 즐비해서 걷기만 해도 재미있다. 맥두걸 스트리트

(Macduougel street)에서 '카페 와(Cafe Wha?)'를 쉽게 찾을 수 있다. 밥 딜런이 우디 거스리의 소개로 처음으로 공연한 곳으로, 노벨문학상을 탄 이후 '카페 와' 앞은 여행자들로 늘 붐빈다.

'카페 와'는 코미디언, 로커, 래퍼, 가스펠 싱어, 클래식 연주자까지 재주가 많은 뮤지션들이 거쳐 갔으며 여전히 매일 밤 신나는 공연이 있다. 카페 문에 '저녁 8시에 영업을 시작한다.'라는 안내 글과 밥 딜런의 이름을 선두로 그동안 활동했던 뮤지션들의 명단이 붙어 있다. 잠겨 있는 문 앞에서 서성이며 사진을 찍는 많은 여행자는 예전 모습을 그대로 간직한 카페 외부를 보는 것만으로도 행복한 표정이다.

뉴욕에서 가장 오래된 록 클럽(Rock Club) 'The bitter End'가 영업 중이다. 밥 딜런을 비롯해 레이디 가가(Lady Gaga), 잭슨 브라운(Jackson Brown), 닐 다이아몬드(Neil Diamond) 등 전설적인 가수들이 끼를 발산했던 곳이다.

클럽 문을 열자 직원이 파란 종이 팔찌를 채워 주면서 '미성년자가 아니라는 표시'라며 웃는다. 무대에선 나이가 지긋한 뮤지션이 기타와 하모니카를 연주하며 노래하고 있다. 벽에 앳돼 보이는 밥 딜런과 그동안 활동했던 뮤지션들의 얼굴이 그려져 있어서 더 반갑다. 맥주 한 잔을 마시면서 경쾌하게 흐르는 포크송을 들으니 과거로 돌아간 듯한 착각이 인다.

밥 딜런이 처음 노래하기 시작한 그리니치 빌리지 카페 와에 여행객이 늘 북적인다.

"펜으로 예언하는 작가와 비평가들이여, 눈을 크게 떠라. 기회는 다시 오지 않는다. 섣불리 떠들지도 마라. 섣불리 규정하지 말라. 세상은 돌고 돌아가니까. 오늘의 패자가 내일의 승자가 되리라. 시대가 변하고 있다."

스티브 잡스가 1984년 매킨토시 출시 연설을 시작하면서 한 말이다. 밥 딜런의 노래 〈The Times They Are a-Changin'〉의 가사 일부이다. 스티브 잡스는 밥 딜런이 자신의 롤 모델이라고 고백했다. 애플컴퓨터를 창업하면서 힘들 때마다 기타 치며 밥 딜런이나 비틀스의 노래를 부르고, 마음을 파고드는 노래 가사에 심취했다고 한다. 이는 밥 딜런이 노벨문학상을 받았다는 사실보다 몇 배는 쇼킹한 이야기다.

2006년, 밥 딜런의 노래 전곡 773곡이 담긴 패키지를 애플사의 아이튠즈 스토어(iTunes Store)에서 판매했다. 그 이후 젊은이들도 밥 딜런의 존재를 인식하게 되고, 30여 년 전에 발표한 〈모던 타임스(Modern Times)〉가 2006년 빌보드 차트 1위에 올랐다.

2018년 밥 딜런의 내한 공연(올림픽 체조경기장)이 있어 특석으로 예약하고 다녀왔다. 밥 딜런은 인사 한마디 없이 2시간 동안 쉬지 않고 노래를 불렀다. 당시 77세의 나이에 그 열정과 힘이 대단해 보였고, 수년간 함께하고 있다는 악단은 거의 나이 든 사람들이었다. 밥 딜런은

가수 밥 딜런의 2집 앨범 재킷 표지이다.

1960~70년대 전성기 이후 세계를 돌며 네버 엔딩 콘서트(Never Ending Concert)를 하고 있다.

밥 딜런의 노벨문학상과 스티브 잡스의 세상을 바꿔 놓은 아이폰의 개발은 서로 연관되고 섞여 탄생한 것이다. 밥 딜런이 시 쓰기를 좋아해 노랫말에 담아내고, 스티브 잡스가 밥 딜런의 노래로 마음과 정신을 달래며 창의력을 키워 IT의 혁신을 이루었다. 열심히 내공을 쌓으며 자기 생각대로 밀고 나가는 굳은 의지와 뚝심으로 이룬 성공이다. 스티브 잡스가 남겨 놓은 업적을 생각하면 밥 딜런의 노벨문학상 수상은 엄청난 의미를 담고 있다. 보헤미안의 아지트, 그리니치 빌리지를 걸으며 밥 딜런을 떠올려 본 시간은 어떻게 싱어송 라이터가 노벨문학상을 타게 되었는지 상기해 보는 기회였다. 누구나 무명 시절은 있으며 의지를 가지고 얼마나 노력하는가에 따라 성패가 나뉜다. 최고를 향해 끝없이 도전하면 그 끝은 반짝반짝 빛난다.

:: 참조 ::

· 밥 딜런, 『바람만이 아는 대답』, 문학세계사, 2010

· 토드 헤인즈, 영화 〈아임 낫 데어〉, 2008

· 매일경제

* 유튜브에 뉴욕 그리는 모습과 스토리가 공개되고 있다.

  https://youtu.be/mdAXKo3ikp4

고기를 잡아 주지 말고 잡는 법을 가르쳐라

:: 첼시마켓과 마이클 블룸버그 ::

첼시마켓(Chelsea Market)에는 유난히 젊은이들
이 많고 활기차다. 맛있는 식당과 카페가 즐비하고
상점에서 일하는 사람들도 대부분 젊은 층이다. 기
부의 나라, 미국! 하루하루 진지하게 열심히 살다
보면 누군가의 기부로 좋은 기회와 혜택이 찾아올
지 모른다.

Google 옆 첼시마켓

첼시마켓 가는 길에 구글(Google) 뉴욕 본사가 눈앞에 턱 나타난다.
빨간 벽돌로 된 빈티지한 건물과 구글이 썩 어울리진 않지만 묘한 깊이

감이 있다.

조카 덕분에 구글에 들어갔다. 조카는 구글 빌딩 안에 위치한 코넬 텍(Cornell Tech: 코넬 공대 대학원)에서 인턴십을 하고 있다. 구글 사무실은 아니지만 같은 빌딩에 들어가 본 것만으로도 괜히 기분이 좋다. 첼시마켓에 젊은이들이 많은 것도 구글 때문일 게다.

구글 빌딩의 빨간 벽돌 벽을 따라가면 첼시마켓이다. 첼시마켓 내부는 어둡고, 낡은 공장 분위기다. 천장에 쇠파이프가 줄줄이 이어지는데 공장 기계들은 멈춘 지 오래다. 대신 반짝반짝 불을 밝힌 독특한 숍(shop)들과 저렴하고 맛있는 식당들이 즐비하다.

첼시마켓(Chelsea Market)은 100여 년 동안 오레오(OREO) 쿠키로 유명한 나비스코(NABISCO: The National Biscuit Company) 공장이었다. 1990년대 공장이 뉴저지로 이전해 간 후 소호 등 높은 임대료를 피해 예술가들이 몰려들어 지금의 첼시마켓이 되었다. 벽에 걸린 공장 사진과 나비스코에서 생산하던 과자 그림이나 광고 캐릭터들이 공장의 역사를 말해 주고 있다.

첼시마켓도 식후경! 랍스터 플레이스(Labstar Place)로 직행이다. 피자와 햄버거로 지친 입과 배 속을 부드럽게 달래 줄 필요가 있다. 랍스터 700g짜리(35불 정도)를 주문하니 10여 분 만에 따끈따끈한 채로 앞에 턱 놓인다. 먹기 좋게 잘려 있어서 조금만 벌리면 고소하고 달콤한 속살이

뉴욕 첼시마켓에서는 싸고 맛있게 먹을 수 있고 날씨 안 좋은 날 보내기에 좋다.

첼시마켓에서는 바로 쪄낸 랍스터를 먹을 수 있다.

한입 쏙쏙 들어온다. 랍스터 스프도 고소하고 따끈해서 온몸이 훈훈해진다.

자, 이제 배를 채웠으니 눈요기를 할 차례이다. 가게들을 기웃거리며 디자인이 독특하고 아기자기한 물건들도 구경하고, 다양한 향신료 숍에서 이것저것 고르며 사는 재미도 좋다. 첼시마켓은 특히 날씨가 좋지 않은 날에 편하게 즐길 수 있어서 더 매력적이다.

구글에 있던 코넬 텍은 현재 뉴욕시 루스벨트섬(Roosevelt Island)에 있다. 아이비리그에 속하는 코넬대학교(1865년 설립)는 150년이 넘은 학교지만 코넬 텍(코넬 공과대학원)은 2012년에 맨해튼에서 처음 문을 열었다. 구글이 5년 동안 무료로 빌려준 구글 본사 빌딩 안 연구실에서 조그맣게 시작했고, 2017년에 넓은 캠퍼스로 옮겨 간 것이다.

코넬 텍이 뉴욕에 있게 된 것은 전 뉴욕시장 마이클 블룸버그(Michael Rubens Bloomberg, 2002년~2013년 재임) 덕이다. 2008년 금융위기 이후 금융 도시 뉴욕에 정보통신기술 혁신이 필요함을 느끼고 공과대학을 유치할 계획을 세웠다. 뉴욕에 많은 스타트업(창업 벤처기업)이 생겨나고 일자리가 창출되어 도시 경쟁력을 높이자는 프로젝트이다.

마이클 블룸버그, '기부의 황제'라고 불러 드리죠

"코넬 텍은 뉴욕의 미래를 위한 투자입니다. 뉴욕이 실리콘밸리부터 서울까지 전 세계 기술센터들과 경쟁할 수 있게 도울 것입니다."

블룸버그가 2017년 루스벨트섬에 새롭게 새워진 캠퍼스 준공식에서 한 말이다. 서울도 경쟁 상대라니…. 우리나라도 더 긴장해야겠다.

코넬 텍 건립을 위해 당시 뉴욕시장이었던 블룸버그는 개인 돈 1억 불(한화 약 1,150억 원)을 기부했고, 뉴욕시도 루스벨트섬의 부지를 내놓았다.

블룸버그는 1966년 미국 4대 투자회사인 솔로몬 브라더스(Solomon Brothers, 현재 CITI 은행에 합병)에 입사해 15년간 일하다 해고당했다. 퇴직 후에 당시 수작업으로 하던 금융 거래 분석을 전산화하고 단말기를 개발해 증권회사에 배포하는, 전에 누구도 시도하지 않은 독보적인 사업을 시작했다. 종합 뉴스와 경제·금융 정보를 제공하고 시장과 증권을 분석할 수 있도록 서비스하는 종합 미디어 회사, Bloomberg L. P(블룸버그 유한회사)이며 지금도 엄청나게 성공 가도를 달리고 있다.

"돈이라는 것은 항상 없어지게 마련이다. …

그러므로 자손들에게 돈보다는 능력을 키워 줘야 한다.

자식에게 고기를 잡아 주지 말고 고기 잡는 법을 가르쳐라."

_『월가의 황제, 블룸버그 스토리』에서

블룸버그의 기부로 코넬 텍이 설립된 것도 '고기 잡는 법을 가르치기 위한 터전'을 마련해 준 셈이다. 블룸버그 자신도 '장학금을 받아서 대학교에서 공부할 수 있었다'고 고백했다. 자신의 모교인 존스 홉킨스대에도 엄청난 금액을 기부하고, 하버드대에도 기부해 '전 세계 시장들 교육 프로그램'을 개설하도록 했다. 뉴욕시장 재임 시절 지하철로 출퇴근하고 연봉 1달러만 받으며 공교육 개혁과 빈곤 퇴치에 힘쓰기도 했다.

블룸버그의 자산과 기부 금액을 말하다 보면 숫자에 혼란이 오고 원화로 환산하다 보면 계산기가 버거워할 정도의 숫자가 액정에 나타난다. 블룸버그의 자산은 지금도 계속 늘고 있으며, 지원할 가치가 있는 사업을 신중하게 골라 각 분야에 기부를 계속하고 있다.

블룸버그는 "기부를 통해 살기 좋은 사회를 만들고 뛰어난 인재를 확보할 수 있을 뿐만 아니라 무엇보다 스스로 만족감을 얻을 수 있다."고 말했다. 블룸버그가 월가의 황제라더니, 이제부터는 기부의 황제라고 불러야겠다.

코넬 텍에서 인턴을 한 조카도 블룸버그와 구글의 기부 혜택을 받은 셈이다. 첼시마켓에서 열심히 일하는 젊은이 중에 누군가의 기부로 좋은 기회를 얻게 될지도 모른다. 여행자들도 기부로 인한 혜택을 곳곳에서 누릴 수 있다. 박물관도 무료로 들어갈 수 있고, 페리(Ferry)도 공짜로 탈 수 있다. 기부는 사회와 국가의 자양강장제이다.

첼시마켓에서 구글, 코넬 텍에서 블룸버그까지 연결해 보며 마이클 블룸버그를 더 잘 알게 되었고, 미국의 기부 문화에 대해 생각해 보는 좋은 기회였다. 2018년 봄, 구글이 첼시마켓을 사들였다고 한다. 구글 소유가 되었어도 첼시마켓의 맛있는 식당과 아기자기한 가게들은 사라지지 않으리라 믿는다.

:: 참조 ::

• 마이클 블룸버그, 『월가의 황제, 블룸버그 스토리』, 매일경제신문사, 1999년

• 코넬 텍 홈페이지(tech.cornell.edu/jacobs-technion-cornell-institute/)

• 첼시 마켓 홈페이지(https://www.chelseamarket.com/)

첼시마켓 가는 길에 구글 본사가 있다.

건물을 짓는 일이 바로 한 인생을 만들어 내는 일

:: 루스벨트섬과 루이스 칸 ::

뉴욕 이스트강에 바게트 빵 모양을 한 루스벨트 섬이 있다. 맨해튼에서 트램을 타고 갈 수 있어서 더 매력적이다. 섬의 남쪽 끝에 자리 잡은 포 프리덤 파크(Four Freedoms Park)는 모더니즘 건축 거장, 루이스 칸(Louis Isadore Kahn, 1901~1974)의 유작(遺作)이다.

루스벨트섬, 맨해튼의 숨은 진주 속으로

트램(The Roosevelt Island Tramway)이 출발하면 바로 눈이 휘둥그레진다. 100년 된 퀸즈보로 다리(Queensborough Bridge), 이스트강, 맨해

튼과 루스벨트섬이 한눈에 보인다. '와!' 하는 사이, 출발 5분 만에 트램 은 루스벨트섬에 도착하고 시원한 뉴욕의 절경은 머릿속 한편에 자리 잡는다.

루스벨트섬은 맨해튼과는 달리 쾌적하고 조용하다. 제일 먼저 코넬 텍(Cornell Tech: 코넬대학교 공대 대학원)이 눈에 들어온다. 2017년에 문 을 열었으며 젊음의 열정이 넘치고 첨단 과학의 산실로 기대되는 곳이 다. 코넬 텍이 2016년 구글 뉴욕 본사에서 조그맣게 시작할 때 조카가 인턴십을 했던 곳이라 더 관심이 간다.

루스벨트섬은 정신병원, 천연두 환자 전문병원과 감옥 등이 있던 곳 으로 '블랙웰 아일랜드(Blackwell Island, 1686년~1912년)'와 '웰페어 아일 랜드(Welfare Island, 1921년)'로 불렸다. 1973년부터 교도소와 병원이 다 른 섬으로 이전된 후 '루스벨트섬'이라 불리고 있다. 여전히 낡고 텅 빈 병원 건물이 보존되어 있어서 옆을 지날 때 왠지 오싹함이 느껴진다.

넘실거리는 이스트강 너머로 맨해튼이 손에 잡힐 듯 가깝다. 하얀 계 단을 총총 올라가니 가로수와 초록 잔디로 꾸며진 삼각형 정원이 쫙 펼 쳐진다. 미국 제32대 대통령 프랭클린 루스벨트(Franklin D. Roosevelt, 1882~1945)의 포 프리덤 파크이다. 삼각형으로 된 정원 꼭짓점, 가로수 가 모이는 끝에 루스벨트 전 대통령의 브론즈 흉상이 있다. 루스벨트 대 통령은 1941년 네 가지 자유(언론의 자유, 신앙의 자유, 결핍으로부터의 자

루스벨트섬 남쪽 끝에 포 프리덤 파크가 있다.

트램을 타면 5분 동안 맨해튼과 이스트강 등 엄청난 광경을 볼 수 있다.

뉴욕 루스벨트섬에 가면 삼각형 정원이 펼쳐진다. 그 끝에서 미국 전 대통령 루스벨트 흉상을 만난다.

유, 공포로부터의 자유)에 대해 연설을
했고, 그 내용은 대서양 조약과 국제
연합 헌장에 반영되었다. 1973년, 뉴
욕 주지사와 시장은 대공황과 제2차
세계 대전 시기에 미국을 이끈 루스
벨트 대통령을 기리기 위해 '포 프리
덤 파크'를 계획했다. 건축가로 루이

포 프리덤 파크에서 정원을 지나
흉상 뒤로 하얀 방이 나온다.

스 칸이 지목되었지만 다음 해(1974년)에 루이스 칸이 사망하고 뉴욕시
의 재정 문제도 악화되어 건설은 진전되지 못했다. 그로부터 40여 년
뒤, 2012년에 루이스 칸의 설계도 그대로 포 프리덤 파크가 루스벨트섬
에 모습을 드러냈다.

건축가 루이스 칸, 건축의 존재와 본질에 혼을 담아

1974년, 뉴욕의 한 기차역(Penn Station)에서 심장마비로 사망한 70
대 노인이 발견되었다. 허름한 옷차림에 여권 속 주소는 다 지워져 있어
서 사망한 지 3일 만에 신원이 밝혀졌다. 그는 당시 예일(Yale)대와 유팬
(U-Penn) 교수이고 건축가인 73세 루이스 칸으로, 프로젝트 때문에 인
도(India)에 다녀오던 길이었다. 루이스 칸의 사망과 함께 포 프리덤 파
크 설계도도 깊은 어둠 속에 묻혀 버렸다.

포 프리덤 파크 설계도가 세상 빛을 본 것은 루이스 칸의 아들인 나다니엘 칸(Nathaniel Kahn)이 제작한 다큐멘터리 영화 〈My Architect〉(2003년) 덕분이다. 나다니엘 칸은 루이스 칸의 셋째 부인에게서 태어난 숨겨진 막내아들이다. 영화는 항상 그리워해 온 건축가 아버지, 루이스 칸의 흔적을 추적해 가는 내용이다.

영화를 통해 포 프리덤 파크의 설계도를 재인식한 반덴 휴벨(Vanden Heubel) 루스벨트 이사장은 2005년 공원 건설을 다시 추진시켰다. 루이스 칸의 40년 전 설계도는 옐로 트레싱지 위에 목탄으로 스케치되어 있었고, 지원금과 기부금을 받아 완공되었다.

"기념관이 방과 정원으로 만들어져야 한다는 생각을 했죠. 정원이란 개인적으로 자연을 통제하는 것으로 자연이 만나는 곳이고요. 방은 건축물의 시작점이고 연장 점이죠."

_루이스 칸(Pratt 연구소 강의로부터 발췌, 1973)

포 프리덤 파크에서 루이스 칸의 건축 철학을 엿볼 수 있다. 삼각형으로 된 정원(Garden)을 걸어 들어가면 생동감 뿜어내는 루스벨트 흉상이 있다. 흉상 뒤로 돌아가면 네모난 하얀 방(Room)이 있고 벽에 네 가지 자유의 연설문 일부가 쓰여 있다. 하얀 방은 이스트강 쪽으로 탁 트였고 계단에는 강물이 찰랑거린다. 무심코 걸어간 공원과 하얀 방에 루이스 칸의 심오한 건축의 본질과 존재가 담겨 있는 것이다.

> **"어떤 건물을 짓는다는 것은 말이지, 한 인생을 만들어 내는 일이라네."**
>
> **_루이스 칸**

건축가라면 30대 초반에 성패가 결정된다는데 루이스 칸은 50대가 돼서야 본격적으로 건축물을 짓기 시작했다. '사람들은 건물을 통해 무엇을 얻을 수 있나? 건물은 어떻게 이루어졌는가?'라는 의문을 갖고 '건축의 존재와 본질'에 대해 30여 년 동안 연구만 한 것이다.

루이스 칸은 시간과 유행을 초월하고, 건축물의 본질에 맞는 공간에 자연광으로 생명력을 불어넣어 인간의 욕구를 충족시켜 주는 건물들을 완성했다. 건축하는 과정을 완성된 건물만큼이나 중요시하며 건축의 재료와 만들어지는 과정을 그대로 보여 주고 있다. 즉 거푸집 이용 흔적, 구멍이나 잘못된 부분도 그대로 놔두어 그 존재를 나타냈다.

루이스 칸은 53세부터 사망할 때까지 폭풍처럼 세상에 건축물을 내놓았다.[2] 방글라데시 국회의사당(Parliament House of Bangladesh, 1983년 완공)은 그의 건축 철학을 온전히 담아낸 건축물이며 20세기 최고의 건축 유산이다. 건축을 제의받고 건축할 돈이 있는지, 완성할 수 있을지 개의치 않고 프로젝트에 착수했다. 설계하는 데 10년이 넘게 걸렸고 크레인이나 트럭도 없이 전부 사람의 힘으로 작업했다. 전쟁 중에도 "전쟁이 끝나면 꼭 필요할 거다."라며 건설했지만, 루이스 칸은 방글라데시 국회의사당의 완공을 보지 못하고 사망했다.

인생 후반에 건축가로서 큰 명성을 얻었음에도 재정 상태는 늘 파산 직전이었다고 한다. 기차역에서 사망한 채로 발견된 루이스 칸의 행색에서 경제적인 것과 상관없이 작업에 쏟은 열정이 고스란히 드러난다.

포 프리덤 파크에 도착해서부터 건축가 루이스 칸을 눈이 아프도록 찾았다. 공원 입구 계단이 시작되는 오른쪽에서 'LOUIS I. KAHN ARCHITECT'라는 작은 글씨를 발견하고, 이름을 보는 순간 울컥했다. 방글라데시 국회의사당 완공만 봤더라도, 기차역에서 생을 마감하지만 않았어도 이토록 가슴 아프지는 않았을 것이다.

---

2 • 예일대학의 미술관(Yale University Art Gallery, 1951~1953년), 소크 생물학 연구소(Salk Instiute Biological Studies, 캘리포니아), 켐벨 미술관(Kimbel Art Museum, 텍사스), 펜실베이니아 대학 리처드 의학 연구소(Richards Medical Research Laboratories, 필라델피아), 필립 엑서터 아카데미 도서관(Pilips Exeter Academy Library, 뉴 햄프셔), 다카 국회의사당(Parliament House, 방글라데시), 포 프리덤 파크(설계도) 등

건축가 루이스 칸이 건축한 방글라데시 국회의사당은 방글라데시 민주주의 상징이다.

루이스 칸은 기존의 선례나 건축 원리를 맹목적으로 따르지 않았다. 오래 걸려도, 돈이 되지 않아도 굳은 의지로 매진해 자신만의 독특한 근대 건축물을 세상에 남겨 놓았다. 인간의 본질에 맞는 건축물을 완성하려는 루이스 칸의 삶에 가슴 찡한 감동이 밀려온다.

자기 일을 사랑하고 미친 듯이 열정을 바친 루이스 칸에게 경의를 표한다.

:: 참조 ::

• 김낙중 · 정태용, 『루이스 칸 건축의 본질을 찾아서』, 살림, 2010년

• 나다니엘 칸(Nathaniel Kahn) 다큐멘터리 〈My Architect〉, 2003년

진주를 버릴 수 있는 용기

:: 브로드웨이와 마이클 리 ::

뉴욕 브로드웨이(Broadway) 극장들이 몰려 있는
타임스퀘어(Times Square)는 휘황찬란하다. 빌딩 아
래에 사람 반, 광고판 반이다. 브로드웨이에 가면
뮤지컬을 하나쯤은 보고 와야 한다더니 엄청나게
큰 뮤지컬 광고판만 보아도 배우의 노랫소리가 귓
가에 들리는 듯하다.

브로드웨이 뮤지컬! 재밌고 짜릿해

번쩍이는 광고판들의 유혹이 굉장하다. TKTS(티켓부스) 옆을 기웃거
리다 뮤지컬 〈오페라의 유령〉의 당일 티켓을 반값(1인 74.50$)에 샀다. 하

늘에서 떨어진 돈을 주운 것처럼 얼떨떨하면서 기분이 굉장히 좋다. 〈오페라의 유령〉은 할인 티켓이 잘 나오지 않은데 변덕이 심한 날씨 탓인 듯하다.

어둠이 찾아온 타임스퀘어는 세상에서 가장 화려한 축제장 같다. 세계 각국의 여행자들의 즐거운 모습과 거리 공연자들을 구경하며 광장에 서 있기만 해도 재밌다. 뮤지컬 공연 시간을 기다리며 Shake shacks 햄버거와 밀크셰이크로 저녁을 먹으면서 '이게 바로 진정한 여행'이라는 생각을 해 본다. 급하지도 서두르지도 않고 현장에서 부딪히며 즐기고 해결해 나가는 짜릿한 여행 말이다.

뉴욕 브로드웨이는 맨해튼을 비스듬히 가로지르는 대로이고, 미국의 연극과 뮤지컬 분야를 일컫는 말이기도 하다. 〈오페라의 유령〉은 뉴욕 마제스틱 극장(Majestic Theatre)에서 1988년부터 30년 이상 공연되고 있는 가장 롱런(Long Run) 작품이다. 프랑스 작가 가스통 르루(Gaston Louis Alfred Leroux, 1868~1927)가 쓴 소설이며 영국 작곡가 앤드루 웨버(Andrew Lloyd Webber, 1948~)가 뮤지컬로 만들었다. 런던 웨스트엔드(West End)에서 1986년에 초연되고 여전히 계속되고 있다. 30년이 넘게 하나의 뮤지컬만 공연되는데도 매회 만석이라니 참 대단한 작품이다.

〈오페라의 유령〉 무대장치는 웅장하고, 배우들은 인간의 목소리 맞나 싶을 정도로 고음과 풍부한 성량을 뿜어낸다. 앞쪽 중간 자리로 꽤 좋은 위치라서 배우들과 하나 되는 느낌이고 〈Think of me, Angel of music, All I ask you〉 등 귀에 익은 음악들은 공연에 더욱 빠져들게 한다. '뉴욕 브로드웨이에서 뮤지컬 보기'는 버킷리스트 중 하나였는데 반값으로 감상하다니 더 흥미진진하다.

브로드웨이에서 뮤지컬을 저렴하게 보는 방법[3]은 TKTS(티켓부스)에서 당일 표를 사는 방법 외에 몇 가지 더 있다. 빅토르 위고의 뮤지컬 〈레미제라블(Les Misérables)〉은 'Rush'로 37불에 티켓을 구매해서 감상했다. 'Rush'는 전날까지 판매하고 남은 표를 공연 당일 아침 10시에 극장 앞에서 선착순으로 싸게 파는 방식이다. 〈레미제라블〉, 〈캣츠〉, 〈미스 사이공〉, 〈오페라의 유령〉은 세계 4대 뮤지컬인데 그중 2개를 봤으니 저렴하게 내 마음의 든든한 재산을 비축한 셈이다.

뮤지컬에 관심을 갖고 좋아하게 된 것은 뮤지컬 배우 마이클 리(Michael K Lee, 1974~) 덕분이다. JTBC 오디션 프로그램 〈팬텀 싱어〉에서

---

3 • 뉴욕 브로드웨이 뮤지컬 싸게 보는 방법은 TKTS(티켓부스), 러쉬(Rush) 외에 인터넷 할인 티켓 판매(https://www.broadticket.com)와 로터리(Lottery)가 있다. 로터리는 뮤지컬마다 응모 시간이 다르며 보통 공연 시간 2시간 전에 추첨해서 30~40불에 티켓을 산다. 여권상의 이름을 적어 직원에게 주어 응모하는데 10장 정도가 당첨되니 추첨이 될 가능성은 크지 않다.
로터리 온라인 응모 https://lottery.broadwaydirect.com

뮤지컬이 끝나는 시간에 브로드웨이 극장 앞은 관람객으로 북적거린다.

한국말보다 영어가 유창해 눈에 띄었다.

좋아하는 일을 직업으로 삼은 마이클 리의 열정

마이클 리는 뉴욕 브로드웨이에서 10여 년을 활동하다 현재 한국에서 활발히 활동하고 있다. 2013년 〈지저스 크라이스트 슈퍼스타〉의 '지저스' 역을 맡아 성공리에 마치고 '마저스(마이클+지저스)'라는 별명을 얻을 정도로 우리나라에서 인기를 얻었다.

마이클 리는 미국 이민 2세로 미국 스탠퍼드대 프리 메드(pre-med: 의대 진학 준비) 과정으로 심리학을 전공했다. 자신이 좋아하고 잘할 수 있는 일을 하기 위해 의사가 되는 길을 접고 뮤지컬 배우가 되었다. 고등학교 때 뮤지컬 〈오페라의 유령〉을 보고 뮤지컬에 푹 빠져 틈틈이 뮤지컬을 공부했고, 대학교 때 오디션에 도전해 1995년 〈미스 사이공〉 '투이' 역을 맡아 브로드웨이에 섰다.

마이클 리의 음악을 인터넷 채널에서 모두 찾아 들어 보았다. 모든 노래에서 마이클 리의 열정을 느낄 수 있었지만, 역시나 뮤지컬 〈지저스 크라이스트 슈퍼스타〉의 〈겟세마네〉는 여전히 최고이다. 부드러우면서 남자다운 풍부한 성량으로 관객 모두를 그 시대로 끌고 간다.

마이클 리가 주연을 맡은 뮤지컬 〈나폴레옹〉과 단독 콘서트(So Far)도 다녀왔다. 나폴레옹처럼 체격이 아담한데 노랫소리가 웅장하고 표정과

코로나 19로 세계의 교차로
뉴욕 타임스퀘어에 조용한 정적이
흐르기도 했다.

연기에서 관객을 확 끌어들이는 마력이 있다. 마이클 리와 라민 카림루(Ramin Karimloo, 1978~)가 함께하는 듀엣 콘서트(2019.01.5.~6. 세종문화회관)를 다녀온 적 있다. 라민 카림루는 〈오페라의 유령〉 25주년 공연 때 팬텀(Phantom) 역을 한 배우이다. 두 배우의 목소리는 머리끝까지 흥분시키는 감동을 주었고, 귀에 익숙한 노래들은 눈과 귀를 집중시켰다.

"내가 뮤지컬 세계로 간 것이 아니라 뮤지컬이 나를 불렀다. 말콤 그래드웰(Malcolm Gladwell)의 『1만 시간의 법칙』을 실천하면서 좋아하는 일이었기에 긴 시간 동안 즐기듯이 해낼 수 있었다."

마이클 리가 모 방송에 나와서 한 말이다. 대다수가 선호하는 직업을 포기하고 좋아하는 일에 도전한 마이클 리의 용기에 박수를 보낸다. 자신이 좋아하는 것이 무엇인지 알고 미리미리 준비해 왔기에 용기 내서 기회도 잡을 수 있었고, 힘든 과정이 있더라도 이겨 낼 수 있었다고 생각한다. 자신이 좋아하는 일이 무엇인지 알고, 그 일에 도전해서 직업으

오페라의 유령의 최장 공연 기념 액자이다.

로 삼은 사람은 그리 많지 않다. 어떤 이는 '요즘 직장'과는 다른 '직업(평생 동안 열정을 가지고 할 수 있는 일)'을 하나씩 가져야 한다고 말한다. 40대 조기 퇴직과 예상치 못한 일로 강철 같던 직장들이 불안해지는 시대에 인생의 두세 번째 직업을 찾는 일이 많아졌다. 또 장수 시대에 은퇴 후 살아야 할 날도 많아서 소일거리도 필요하다. 자신이 좋아하는 일이 무엇인지 알고 미리미리 준비해야 필요한 경우에 활용할 수 있다. 한 분야에 성과를 내기까지 쉽지는 않지만 즐겁게 임하면 그 자체로 행복이고, 성공은 어느새 가까이 와 있을 것이다.

〈오페라의 유령〉 극장 벽에 걸려 있는 롱런 기념 액자가 인상에 남아 그려 보았다. 작은 네모마다 들어 있는 팬텀 마스크를 그리다 보니 공연 장면들과 티켓을 사던 재밌는 기억이 떠오른다. 명품 뮤지컬을 싸게 보면 그 과정도 재미있고 짜릿한 쾌감이 있다. 물가 비싼 뉴욕에서 알뜰한 방법들만 챙겨서 즐겨도 상당히 의미 있는 여행이다.

:: 참조 ::
• JTBC 〈비정상회담〉
• VOA 〈구석구석 미국 이야기〉

작품 수천, 수만 개가 만들어 내는 힘

:: 차이나타운과 강익중 ::

뉴욕 차이나타운(New York Chinatown)에 가면 조였던 단추를 푼 것처럼 편안하다. 상가와 노점상에 나풀거리는 저렴한 가격표는 맨해튼의 살 떨리는 물가에 주눅 들었던 어깨를 펴게 한다. 맛있는 음식이 넘쳐나고 물가가 다소 저렴한 차이나타운은 여행자들에게 종합영양제 같은 역할을 해 준다.

차이나타운

뉴욕 차이나타운의 힘

뉴욕 차이나타운에는 낡은 건물들이 다닥다닥 붙어 있고 한자로 된 간판이 지천이다. 스타벅스, 맥도널드 간판도 한자로 쓰여 있어 '여기

소방 사다리가 있는 건물들은 차이나타운에서 익숙한 풍경이다.

중국인가?'라는 착각이 들 정도이다. 이 차이나타운에 10만 명이 넘는 중국인이 살고 있으니 뉴욕 속의 작은 중국이다.

맛있는 냄새 솔솔 풍겨 나오는 식당 앞은 배고픔에 지친, 아니 피자나 햄버거에 지친 하이에나들로 붐빈다. 중국 본토보다 더 맛있다는 소롱포(샤오롱바오)를 먹기 위해 혼잡한 대열에 합류해 본다. 대기 번호표를 받고 꼬르륵 합창 소리가 요란해질 때쯤 김이 모락모락 나는 대바구니가 눈앞에 놓인다.

소롱포는 만두피 안에 육수가 들어 있는 만두이다. 젓가락으로 만두를 들어 올리면 꼭 물 넣은 풍선 같다. 만두를 수저 위에 놓고 젓가락으로 구멍을 내고 육수를 '후루룩' 마신 후에 만두를 먹어야 입천장을 데지 않는다. 감칠맛과 쫄깃함이 어우러진 소롱포의 맛은 뉴요커와 여행자를 차이나타운으로 끌어들이기에 부족함이 없다.

뉴욕 차이나타운은 19세기 중반 미국 대륙횡단철도 공사를 위해 건너온 중국인 노동자들이 모여 살던 곳이다. 대부분 광둥인으로, 공사가 끝난 후 백인들이 피하는 일을 하며 미국인과 사회적 교류 없이 차이나타운에서 고립되다시피 살아왔다. 그 후 20세기 중반에 이민 온 중국인들은 고학력 유학생, 경제력과 전문성을 지닌 자들로 의사, 교사, 기술 관리직 등 전문직에 진출하며 뉴욕 속에 성

뉴욕 차이나타운 식당에 걸려 있는 페킹덕은 침샘을 자극한다.

공적으로 통합되어 스며들었다. 성공한 중국인 이민자들이 늘어나며 뉴욕 차이나타운은 점점 발전해 왔다.

식당에 걸려 있는 윤기가 좌르르 나는 페킹덕(북경오리)이 발길을 멈추게 한다. 우리나라에서는 비싼 걸 떠나, 먹을 수 있는 곳을 일부러 찾아서 꼭 예약해야 먹을 수 있는 요리인데 허름해 보이는 식당에 주렁주렁 걸려 있는 걸 보니 신기하고 입안에 도는 군침을 주체할 수 없다. 예약도 필요 없고, 바로 먹을 수 있는 금빛 나는 페킹덕 한 마리에 24$이란다. 졸깃졸깃하고 얼마나 맛있는지…. 페킹덕으로 배를 채운 뒤 지쳐 가던 발걸음은 다시 통통 튀기 시작한다.

뉴욕 차이나타운은 여독에 찌든 여행자들과 물가 비싼 뉴욕에서 자신의 꿈을 향해 매진하는 배고픈 유학생에게 고향 집 같은 훈훈한 장소이다. 뉴욕에서 성공하고 우리나라에도 이름을 알린 설치미술가 강익중(1960~)의 작업실도 뉴욕 차이나타운에 있다.

나의 작업실은 뉴욕 차이나타운에 있어요

강익중 작가는 손바닥만 한 그림을 수천 개, 수만 개를 모아 거대한 작품을 만드는 설치미술가이다. 2008년 광화문 복원 공사 때 가림막 〈광화문의 달〉과 2020년 〈광화문 아리랑〉을 선보였고, 오두산 통일 전망대와 아산병원 등 여기저기에서 그의 작품을 볼 수 있다.

강익중은 세계적인 미술가가 되었음에도 뉴욕 차이나타운 작업실에서 여전히 작업한다. 강익중은 어릴 적 살았던 곳처럼 싸고 푸짐한 식당이 많고, 이민자들이 많아 잘 살겠다는 열망과 활력이 넘치는 곳이라 좋다머 차이나타운에서 작업하는 이유를 밝혔다.

"오전 9시 차이나타운 작업실에 나와 오후 7시까지 그림을 그려요. 점심땐 종종 샌드위치를 사서 공원으로 가죠. 어떤 중국식당에선 3달러 50센트에 밥과 국, 반찬 4가지를 담은 도시락을 팔아요."

싸고 맛있는 음식도 매력적이지만 예술인으로서 세계적으로 막강한 중국의 문화에 익숙해지기 위해 차이나타운에 머문다고 한다.

강익중은 1984년 홍익대 서양화과를 졸업하고 뉴욕으로 건너갔다. 돈 벌며 학교 다니느라 작품 활동할 시간이 없어 고민하다 휴대하기 쉬운 가로·세로 3인치짜리 캔버스를 만들어 그림을 그렸다. 지하철을 오가며 사람들의 모습과 느낌을 작은 화폭에 그리고 또 그려 1년 동안 1,000개의 작품을 만들어 냈고 전시된 후에 뉴욕 예술계에서 큰 호평을 받았다. 1994년, 강익중에게 미국 코네티컷주 휘트니 미술관에서 세계적 비디오 아티스트 백남준과 2인전(멀티플/다이얼로그)을 여는 행운을 얻었다. 대가와 초보 작가와 만남이다. 미국 유학 간 지 10년도 채 안 됐는데 세계적인 미술가 백남준과 2인전을 열었다는 것은 강익중의 인간성과 천재성의 조화로운 승리 같다.

6·25 전쟁 70주년을 기리기 위해 제작한 〈광화문 아리랑〉을 그려 보았다. 현재는 광화문에서 UN 평화공원이 있는 부산으로 옮겨 가 〈부산 아리랑〉으로 전시되고 있다. 달항아리 부분에 UN 참전국 어린이 1만 2,000명의 그림과 주변에 아리랑 가사가 쓰여 있다. 작은 네모에 쓰여 있는 글씨는 잘 표현되지 않지만, 작품 전체 모습과 달항아리를 그린 것으로 만족한다.

설치미술가 강익중이 제작한 한국전쟁 70주년을 기리기 위한 〈광화문 아리랑〉이다.

최근에 파주 오두산 통일 전망대에서 강익중 작품을 보았다. 작가의 작품과 실향민이 그린 북녘 고향 그림과 사진으로 이루어져 있다. 강익중 작가와 SNS로 소통하며 실향민의 그림 1,200여 점이 〈그리운 내 고향〉(2020.10.)으로 발간되었다는 소식을 접했다. 실향민들이 모두 연세가 많으셔서 굉장히 귀한 그림 모음집이 될 것 같다.

한글과 달항아리 등 한국적인 모티브를 소중히 여기고 독창적인 작품을 탄생시키는 점에 존경을 표한다. 작은 그림들이 모이고 연결되어 만들어진 거대한 작품은 조화와 연결을 의미하며, 작가가 우리나라를 사랑하고 걱정하는 마음도 가득 담겨 있다. 특히 작품 속에 강한 염원을 담은 많은 사람의 작품들을 품고 있어서 집중도 잘되고 이해하기도 쉽다. 한국적 영감과 미국의 감성을 담은 그의 작품들은 한국과 미국을 넘어 세계를 연결해 주고 있다.

차이나타운에서 길 하나 건너면 리틀 이태리가 있다. 이탈리아에서 온 이민자들이 살던 곳이며 이탈리아 음식과 문화를 느낄 수 있는 곳이다. Ferrara Bakery & Cafe에서 에스프레소와 티라미수, 블루베리, 딸기 타르트 등 신선하고 달지 않은 디저트를 먹고 나면 세상 어떠한 일도 다 이룰 수 있을 것 같은 힘이 솟는다.

뉴욕에 머무는 동안 지치고 배고플 때면 차이나타운에 찾아갔다. 메트로로 금방 갈 수 있고 맨해튼의 다른 곳보다 저렴하게 맛있는 식사를 할 수 있다. 강익중 작가가 차이나타운에서 느꼈을 편안함이 온몸으로 느껴진다.

:: 참조 ::

• 이주헌, 『강익중』, 마로니에 북스, 2009
• 이규현, 『안녕하세요? 예술가 씨』(e-book), 넥서스BOOKS, 2010

2부

이게 바로
기적

01

지금이 인생에서 가장 젊은 때

:: MoMA와 모지스 할머니 ::

여행 중에 박물관에 갈 기회는 많다. 세계에서 단 하나의 미술관만 갈 수 있다면 어디를 선택할까? 나는 망설임 없이 세계 근·현대 미술의 가장 영향력 있는 뉴욕 현대미술관(The Museum of modern Art)을 가겠다.

엄지 척, MoMA

뉴욕 현대미술관은 그냥 'MoMA'라고 고유어처럼 부른다. 1929년에 현대 미술 전문 미술관으로 개관했는데, 당시 미국에서 현대 미술은 좀 생소하고 신선한 분야였다고 한다.

뉴욕 현대미술관은 금요일 오후에 유난히 혼잡하다. 출입구 근처에서 대열에 합류했는데, 웬걸! 긴 줄은 정문을 지나 건물 한 블록을 완전히 돌아가고 있다. 금요일 오후 4시부터 무료입장을 위해 기다리는 줄이다. 미술관 내 혼잡이 예상되지만 몇몇 작품을 더 보기 위한 재방문이라 인내심을 가지고 기다려 본다. 입장 시간에 줄은 빠른 속도로 줄어들고, 0 $가 찍힌 표를 받고 미술관에 바로 입장한다. 무료라도 혜택은 똑같고 관람객만 좀 많다. 기업 기부 덕분에 그 많은 사람이 무료입장이라니… 공짜는 늘 감동적이고 기분 좋다.

미술관은 6층 규모로 되어 있으며 주로 인상주의 이후, 근·현대 미술 거장들의 작품이 총망라되어 있다. 고흐, 고갱, 세잔, 마네, 모네, 클림트, 샤갈, 마티스, 피카소 등의 근대 미술 작품과 앤디 워홀, 로이 리히텐슈타인, 잭슨 폴락 등의 현대 미술 작품을 볼 수 있다. 우리에게 친숙한 주요 작품들은 4, 5층에 전시되어 있다.

MoMA의 최고 인기 있는 작품은 5층에 전시된 빈센트 반 고흐의 〈별이 빛나는 밤〉(1889년)이다. 우리가 그동안 수없이 접했던 그 작품의 실물이 바로 MoMA에 있는 것이다. 파리 루브르 박물관의 〈모나리자〉 앞처럼 그 작품 앞은 늘 혼잡하다. 〈별이 빛나는 밤〉을 감상할 때마다 가슴이 아프다. 고흐가 고갱과 싸우고 자신의 귀를 자른 사건 이후 프랑스 생레미 요양원에 있을 때 그린 작품이란 걸 알게 된 다음부터 더 그

뉴욕 현대 미술관 외관이며 건물 외관에 반영된 모습이 특이하다.

MoMA에서 빈센트 반 고흐의 〈별이 빛나는 밤〉 앞은 늘 붐빈다.

렇다.

입체적이라 평가받는 파블로 피카소의 〈아비뇽의 여인들〉(1907), 생동감과 긴장감이 있는 마티스의 〈춤〉(1910), 색채가 선명하고 강렬한 샤갈의 〈I and the village〉(1911)는 늘 봐도 좋다. 학생 때 미술 교과서에서 보고 암기했던 익숙한 작품들이라 내 작품인 것처럼 애착이 느껴진다. 작품에 방해되지 않은 선에서 플래시 없이 사진은 얼마든지 찍어도 된다.

미술관에는 항상 감상할 수 있는 상설 전시가 있고, 특별하게 기획되어 일시적으로 전시하는 기획전이 있다. 그래서 같은 미술관을 자주 가더라도 늘 흥미롭다. 3층 전시실에서 1948~1980년 유고슬라비아의 건축전 '콘크리트 유토피아를 향하어'(2018)를 감상했다. 아직 남아 있는 공산주의 시대의 건축물 사진, 모형, 그림들이 있고 독특한 형태의 건축물이 굉장히 인상적이다.

기획전을 관람하니 1938년 MoMA 기획전에 작품이 전시되어 국민화가까지 된 미국의 모지스 할머니(Grandma Moses, 1860~1961)가 생각난다. 75세에 처음으로 그림을 그리기 시작했고, 101세까지 1,600점(100세 이후에 250점)의 그림을 그린 후 폭풍 같은 인기를 뒤로하고 화가의 삶을 마감한 할머니 화가이다.

레트로 감성의 시조, 모지스 할머니

모지스 할머니는 소일거리로 자수를 놓다가 관절염이 심해지자 딸의 권유로 팔에 무리가 적은 그림을 그리기 시작했다. 그때가 75세이고 그 전에 그림을 제대로 배운 적은 없었다. 모지스 할머니는 푼돈이라도 벌어 볼 생각으로 작품들을 어느 작은 마을 잡화점에 전시해 놓았고, 뉴욕 수집가 루이스 J. 칼더(Louis Calder)가 할머니의 작품을 우연히 보고 10점을 구입해 갔다. 루이스 칼더는 그중 3점을 MoMA 기획전 '현대 무명화가전(Contemporary Unknown American Painters)'에 내놓았다. 2년 뒤 (1940년) 〈어느 농부의 아내가 그린 그림들〉이란 제목으로 뉴욕의 한 전시장에 전시되었다.

모지스 할머니의 그림은 어린 시절의 추억이나 자연 또는 크리스마스, 추수감사절과 핼러윈 데이 때 가족, 마을 사람과 함께한 모습이다. 〈슈거링 오프(Sugering Off)〉, 〈퀼팅 모임(The Quitting Bee)〉, 〈칠면조 잡기(Catching the Turkey)〉 등은 미국인들에게 잊혀 가는 문화와 전통을 일깨워 주고 어린 시절 추억을 떠올려 행복했던 순간 속으로 이끌어 준다.

어린 시절의 그리운 모습을 담은 모지스 할머니 그림을 보고 뉴요커들은 열광했다. 100년에 걸친 모지스 할머니의 삶을 담은 그림들에서 미국 이민·정착 역사와 문화를 엿볼 수 있고, 세계 다른 나라 낯선 이들도 당시의 미국 문화를 느낄 수 있다.

88세에 '올해의 젊은 여성'에 선정

되고, 93세에는 타임지 표지 모델이

되었다. 그녀의 그림은 크리스마스카

드, 우표로 제작되고 접시와 커튼에

도 등장했으며 100번째 생일에는 '모

지스 할머니의 날'까지 지정되기도

했다. 빠른 속도로 발전하는 디지털

모지스 할머니가 그림 그리는 모습인데
굽높은 구두와 스타킹이 눈에 띈다.

시대에 우리도 요즘 레트로 감성을 느끼며 몸과 마음에 휴식을 취하곤

한다. 모지스 할머니야말로 미국인들에게 '레트로' 감성을 제대로 선사

한 시조가 아닐까 싶다.

"사람들은 늘 내게 늦었다고 말했어요. 하지만 사실 지금이야말로 가

장 고마워해야 할 시간이에요. 진정으로 무언가를 추구하는 사람에겐

바로 지금이 인생에서 가장 젊을 때입니다. 무언가를 시작하기에 딱

좋을 때죠."

_모지스 할머니

요즘 정신과 육체가 건강하고 무언가 도전하기에 능력이 많은 시니

어들이 많다. 대부분 '새로운 것을 시작하기에 너무 늦었어. 이 나이에

MoMA 가는 길에 본 페트릭 성당은 미국 최초의 고딕 양식 건축물로
100년이 넘는 역사를 자랑하는 아름다운 성당이다.

뭐 해?'라는 생각으로 도전을 포기하곤 한다. 도전하더라도 시시때때로 자신감을 잃고 괴로워하기도 한다.

모지스 할머니도 처음에 작품을 지역 행사나 박람회에 출품했지만 별로 관심을 받지 못했다. 그래도 할머니는 자신이 좋아하는 그림을 묵묵히 그렸고, 결국 예상치도 못한 성공을 거두었다.

삶을 정리할 나이에 시작해 화가로서 열정을 쏟아 낸 모지스 할머니는 미국을 비롯한 전 세계인에게 희망을 준다. 모지스 할머니의 도전은 자신감을 잃은 시니어층뿐만 아니라 의욕과 힘을 잃은 모든 손길들에 용기를 주고, 열정의 불씨를 지펴 주기에 충분하다. 지루하고 할 일 없다고 불만을 터트릴 시간이 없다. 그동안 하고 싶었던 것, 좋아하는 일을 찾아 시작해야 할 때이다.

모지스 할머니를 그리면서 굽 높은 구두와 스타킹을 신고 있다는 걸 알았다. 시대와 나라의 문화 차이가 있겠지만, 할머니 나이에 늘 자신을 관리하고, 젊을 때의 감성을 잃지 않으려고 노력했다는 게 느껴진다.

:: 참조 ::
• 이소영, 『모지스 할머니, 평범한 삶의 행복을 그리다』, 홍익출판사, 2019
• 에나 메리 로버트슨 모지스, 류승경 역, 『인생에서 너무 늦은 때란 없습니다』, 수오서재, 2019

- 현대카드 소지자는 항상 무료입장이 가능하며, 그 외에는 매주 금요일 오후 4시부터
  가능하다. 한국어 안내서(배우 송혜교의 기부, 2012년), 한국어 오디오 가이드를 무료로
  빌릴 수 있다. 신분증으로 여권은 안 되고 주민등록증과 운전면허증이 가능하다.

* 유튜브에 뉴욕 그리는 모습과 스토리가 공개되고 있다.

  https://youtu.be/M7xg_IzO4DE

02

집념의 끝판왕 가족이 세운 공

:: 브루클린 브리지와 존 A. 로블링 가족 ::

브루클린 브리지(Brooklyn Bridge)에 올라서면 눈
이 휘둥그레진다. 다리를 하나 건널 뿐인데 도심 곳
곳을 누비며 감탄사를 연발했던 황홀한 모습들이
한눈에 들어온다. 튼튼하고 아름다운 다리에 깃든
가슴 찡한 이야기를 알고 나면 감동은 배가된다.

브루클린 브릿지

브루클린 브리지를 걸어서 건넌다는 것

많은 여행자들이 가는 쪽으로 따라가니 어느새 브루클린 브리지 위
를 걷고 있다. 파란 하늘은 이불에서 솜덩이를 뚝뚝 떼어 와 뿌려 놓고
구름 축제를 벌이고 있다. 차들은 1층에서 웅웅 소리를 내며 달리고, 2

브루클린 브릿지는 1층에 차도, 2층에 인도가 있어 나무다리를 걸어서 맨해튼과 브루클린을 오갈 수 있다.

층은 사람과 자전거만의 세상이다.

이스트강 강가를 산책할 때도, 제인의 회전목마를 탈 때도 어서 오라고 계속 손짓하던 브루클린 브리지! 직접 걸어 보면 다리의 웅장함과 눈앞에 보이는 멋진 풍광은 상상을 초월한다. 고딕 양식의 석재 탑으로부터 내려온 케이블에 가까이 다가가 보니, 가는 쇠줄이 여러 겹 꼬여 엄청나게 굵고 튼튼해 보인다.

석재 타워 밑 벤치에 앉아 가져온 커피를 마시며 여유를 부려 본다. 세계 각국의 여행객들이 소풍 가는 아이들처럼 즐거운 모습으로 수도 없이 지나간다. 360도로 돌며 맨해튼의 마천루, 브루클린, 자유의 여신상, 맨해튼 다리를 만끽한다. 브루클린 브리지 아래에서 회전목마 탈 때와는 또 다른 멋진 풍광이다. 뉴욕의 중심, 아니 세계의 중심에 있는 것처럼 행복한 어지럼증이 인다.

브루클린 브리지는 맨해튼과 브루클린을 연결하는 이스트강에 있으며 뉴욕에서 가장 아름다운 다리이다. 이토록 튼튼하고 거대한 다리가 무려 140여 년 전(1884년에 완공), 한 가족의 희생 덕분에 만들어졌다니 믿기지 않을 정도로 놀랍다.

140여 년 전에 어떻게 이런 다리를 …

브루클린 브리지는 아버지, 아들에 이어 며느리가 1869년에서 1883

넌까지 무려 14년에 걸쳐 혼신의 힘을 다해 완성한 다리이다. 건축가 존 A. 로블링(John A. Roebling, 1806~1869)은 19세기 당시 이스트강을 건너는 배들이 많아서 다리 놓을 것을 주장했다. 전문가들은 넓고 물살이 센 이스트강에 크고 긴 다리를 만드는 일은 미친 짓이라고 반대했지만, 로블링은 다리 건설을 위한 자금을 모았다. 가는 쇠줄을 꼬아 만든 튼튼한 케이블을 최초로 고안해 내고(1840년대), 직접 다리를 설계해서 현수교 건설에 착수했다.

로블링은 기초 공사를 하다가 페리에 발이 다치는 사고를 당해 파상풍에 걸려 안타깝게 착공하기도 전에 사망했다. 아들 워싱턴 로블링(Washington Roebling)이 다리 공사를 이어받았다. 다행스럽게도 워싱턴은 그동안 아버지를 도와 착실하게 실력을 쌓아 왔기에 다리 건설을 감독하기에 충분한 자질을 갖추고 있었다.

워싱턴은 교각을 놓는 기초 공사부터 직접 현장으로 가서 꼼꼼하게 시찰하고 감독하다가 그만 잠수병에 걸리고 말았다. 병세가 악화되고 전신이 마비되어 더는 현장에 나갈 수 없는 상태였지만 워싱턴은 포기하지 않았다.

아내 에밀리(Emily Warren Roebling)가 대신 현장에 나갔고, 현장 감독을 위해 고등수학과 각종 건설 기술까지 공부했다. 워싱턴은 브루클린에 위치한 집 창문을 통해 망원경으로 건설 현장을 지켜보고 겨우 움직

브루클린 브릿지 공원에서 브루클린 브릿지, 회전목마와 맨해튼 스카이라인을 한눈에 볼 수 있다.

일 수 있는 손가락 하나로 아내와 소통하며 인부들에게 지시 사항을 전달했다.

브루클린 브리지는 1883년, 건설을 시작한 지 14년 만에 완공되었다. 전례 없이 엄청난 규모의 현수교는 세계를 놀라게 했고, 총감독한 건축가가 전신 마비라는 사실은 눈시울이 뜨거울 정도로 감동을 주었다.

브루클린 브리지가 완공된 후 아내 에밀리가 최초로 건넜다. 브루클린 브리지가 개통되는 날, 뉴욕은 큰 축제날이었고 다리를 보기 위해 수천 명이 모여들었다. 국기를 단 보트들이 항구를 가득 메웠고, 학교와 직장들은 문을 닫고 사람들은 축제를 즐겼다. 긴 현수교가 곧 무너질지도 모른다는 불안함을 느낀 뉴요커들을 위해 쇼맨(Showman) 바넘(P.T. Barnum, 1810~1891)은 서커스단과 함께 코끼리 21마리를 몰고 다리를 건너며 튼튼하다는 걸 보여 주기도 했다.

브루클린 브리지가 개통될 당시 맨해튼의 모습은 어땠을까? 그 당시 뉴욕 사진을 보니 건물들이 꽤 밀집해 있지만, 브루클린 브리지 석재 탑이 가장 높고 돋보인다. 브루클린 브리지는 19세기 당시 가장 긴 현수교이며, 당시 가장 위대한 공학적 업적 중 하나이다. 이집트 피라미드를 제외하고 당시 인간이 만든 가장 큰 구조물이었다고 한다.

크레인 같은 기계도 없던 시대에 600여 명의 인부가 직접 작업을 한 다리가 140년 가까이 튼튼히 버티고 있다. 사람들이 편하게 걸을 수 있도록 차도 위에 인도를 둔 것은 존 로블링의 아이디어이며, 현재까지도 그의 기발함은 돋보인다. 다리는 당시 필요했던 것보다 여섯 배나 튼튼하게 만들어졌다고 하니 21세기의 엄청난 교통량을 예견한 현명함이 놀랍다.

기둥 하나 세우고 벽돌 하나 놓으면서 100년, 200년 후의 미래에 대비한 '철저함'은 건축뿐만 아니라 어느 분야에도 필요한 일이다. 특히 예상하지 못한 재난으로 몸살을 앓고 있는 현대사회에서는 더욱 절실하

브루클린 브릿지 중앙에 서면 고딕 양식 석재 탑과 튼튼한 케이블을 볼 수 있다.

다. 프라하의 카를교, 런던 타워브리지, 샌프란시스코의 금문교 등 다리를 건너다 보면 다리의 멋도 느낄 수 있고 도시를 멀리서 한눈에 볼 수 있다는 매력이 있다. 그 유명한 다리들 중에 최고를 꼽으라면 브루클린 브리지다.

차량의 방해를 받지 않고 편안하게 다리를 건너며 뉴욕을 즐길 수 있어서 브루클린 브리지의 가치는 더 높다. 자연과 사람, 그리고 맨해튼이 조화를 이루어 그 황홀함이 극치를 이룬다. 완공도 되기 전에 사망한 아버지 존 로블링과 20여 명의 숭고한 희생에 경의를 표한다.

:: 참조 ::

- Stine, Megan, Hinderliter, John (ILT), 『Where is the Brooklyn Bridge?』, Penguin Group USA, 2016

:: 여행 tip ::

- 맨해튼 쪽 매트로 4, 5, 6호선 City Hall 역, 브루클린 쪽 A, C선 High St역. 다리 길이가 1.8km 정도로 걸어서 1시간, 자전거를 타면 10~15분 정도 걸린다.

03

왜냐고요? 꿈을 이룬 것뿐인데…

:: 센트럴파크와 필리페 페팃 ::

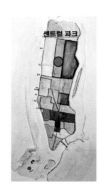

뉴욕 센트럴파크(Central Park)는 누구에게나 편
안하다. 복잡한 도심에서 바로 들어가서 쉴 수 있는
매력 넘치는 공원이다. 동물원, 작은 공원과 특별
이벤트도 많아서 어린이들의 천국이기도 하다.

영화 속 주인공처럼 멋지게 걸어 보자

뉴욕 센트럴파크 전체를 걸어 본다는 것은 가슴
벅찬 경험이다. "센트럴파크가 얼마나 넓은지 알아? 백만 평이래."라며
친구가 말리지만, 공원 구석구석을 보며 마음과 카메라에 남겨 놓고 싶
어 도전해 본다. 지도를 보며 남쪽 콜럼버스 서클(Columbus circle) 입구

센트럴 파크의 가을은 유난히 아름답다.

로 들어가서 북쪽 래스커 링크 앤 풀(Lasker Link & pool)을 향해 이어진 오솔길을 표시하고 출발한다.

가을인데 울만 링크(Woollman Rink)에 스케이트 타는 사람들이 보인다. 여름에 놀이기구가 펼쳐지고, 늦가을부터는 아이스링크장으로 변하는 곳이다. 청거북이 사는 더 폰드(The Pond) 주변에 카메라맨들이 모여 있다. 카메라를 고정하고 물에 담긴 황금빛 가을을 훔치다 보니 몸 전체가 온통 황금빛으로 물드는 기분이다.

베데스다 분수대 주변은 웨딩 촬영과 특별한 이벤트가 늘 열리고 있

센트럴 파크 곳곳에서 어린이를 위한 이벤트가 열리고 있다.

센트럴 파크에서 베데스다 분수는 가장 인기 좋은 장소이다.

어 멀리서도 달달한 향기가 난다. 센트럴파크 중앙에 쭉 뻗은 넓은 길, 더 몰(The Mall)의 느릅나무 단풍 터널 아래를 걸으며 영화 〈뉴욕의 가을〉 속 주인공이 된 것 같은 착각에도 빠져 본다.

> "만약 맨해튼의 중심부에 큰 공원이 없으면, 100년 후에는 똑같은 크기의 정신병원을 지어야 할 것이다."
> _미국 저널리스트 윌리엄 컬런 브라이언트(William Cullen Bryant, 1794~1878)

센트럴파크는 공모 과정을 거쳐 '도심에서 자연으로 최단 시간 탈출'이라는 설계 철학을 가진 조경가 프레더릭 로 옴스테드(Frederick Law Olmsted)와 건축가 칼베르 보(Calvert Vaux)의 설계로 1856년 조성되었다. 현재 50만 그루의 나무가 자라고 있으며 뉴욕의 허파이고, 도시에서 지친 뉴요커와 집 떠나 힘든 여행자에게 편안한 휴식처이다.

센트럴파크를 걷다 보면 꼬불꼬불한 길이 많아서 지나왔던 곳으로 다시 갈 수도 있다. 공원 양쪽 큰길을 만날 때마다 전봇대에 표시된 숫자[4]를 확인하고 지도에서 지명을 보면서 북쪽을 향해 걷는 게 좋다.

아주 넓은 쉽 메도우(Sheep Meadow)는 양들이 뛰놀던 곳이다. 나무 아래 잔디밭에 자리 잡고 앉아 누구의 방해도 받지 않고 준비해 간 샌드

위치와 커피로 점심을 해결하니 딱 좋다. 누워서 휴식을 취하는 사람도 많고, 어른의 지도를 받으며 드럼 치고 있는 몇 명의 어린아이들도 보인다. 아이들에게 그 순간들은 분명 유명 뮤지션을 향한 힘찬 도전일 것이다. 멀리 파란 하늘과 맞닿은 맨해튼 마천루가 보인다. 도심에 있다고 믿기지 않을 정도로 조용하고 상쾌하다.

모형 보트를 운항해 볼 수 있는 작은 호수 컨서버토리 워터(Conservatory Water) 옆에서 어린이들을 위한 물방울 이벤트가 한창이다. 한참 동안 구경하며 센트럴파크에서 어린이를 위해 줄타기를 했던 필리페 페팃(Philippe Petit, 1947~)을 떠올려 본다.

〈하늘을 걷는 남자〉가 주는 용기

프랑스인 곡예사 필리페 페팃은 뉴욕 월드 트레이드 센터(WTC) 쌍둥이 빌딩 사이에서 줄타기했다. 2001년에 911테러로 무너져 버린 그 빌딩이다. 줄에서 내려온 페팃은 불법 침입, 업무 방해와 위법 행위로 경찰에 바로 체포되었다. 한국 민속촌이나 안성 바우덕이 축제 때 8m 정

---

4 • 센트럴파크를 걸으면서 방향을 잡으려면 큰길가에 있는 가로등 기둥에 있는 숫자를 보면 된다. 동·서쪽에 나 있는 큰길 가로등 5m마다 서쪽은 W65, W66…, 동쪽은 E65, E66…, 이런 식으로 표기되어 있어서 숫자가 올라갈수록 북쪽으로 가는 길이다.

도 높이에서 하는 그 줄타기를 당시 세계에서 제일 높은 쌍둥이 빌딩(417m 110층)에 줄을 연결하고 걸어 다닌 것이다. 당연히 체포될 일이다. 페팃의 놀랄 만한 도전은 곧바로 대서특필되고 당시 닉슨 미국 대통령의 사임보다 더 주목받았다.

필리페 페팃은 센트럴 파크에서 어린이를 위한 줄타기를 하는 조건으로 기소 중지되었다.

"센트럴파크에서 어린이들을 위한 무료공연을 하면 기소 중지하겠습니다."

미국 연방 검사는 '센트럴파크에서 사회봉사'라는 의외의 제안을 한 후 기소 중지하고 쌍둥이 빌딩 사이에서 줄타기한 페팃의 사건을 마무리했다. 사건 해결 방법이 정말로 화끈하고 시원하며 어린이를 위하는 세심함이 느껴진다. 페팃은 자신이 줄타기한 옥상에 사인하고 전망대를 오를 수 있는 평생 통행권까지 받았다.

필리페 페팃은 파리(Paris) 거리의 곡예사였다. 6살부터 마술에 관심을 두고 14살 때는 저글러(Juggler), 16살에 줄타기를 시작했다. 17살 때 치과에서 잡지를 보다가 우연히 세계에서 가장 높은 빌딩이 될 뉴욕 월드 트레이드 센터가 건설 중이라는 것을 알게 되었다. 페팃은 월드 트

필리페 페팃이 월드 트레이드 센터에서 줄타기를 하고 있다.

레이드 센터에서 줄타기로 목표를 정하고 그 꿈을 이루기 위해 철저한 준비를 했다. 파리 노트르담 성당 타워(1971년)와 시드니 하버 브리지(1973년)에서 먼저 줄타기 연습을 하고 도와줄 동료를 모아 월드 트레이드 센터 현장 답사도 철저히 했다.

'이러다 죽는 것도 아름답겠지. 꿈을 이루다 죽는 건데.'

페팃은 줄타기 전에 무서움이 엄습해 잠시 맘을 다잡았다. 남쪽 타워에서 북쪽 타워까지는 60Yard(55m), 지상으로부터 높이 1350feet(411.48m)이며, 줄이 늘어져 있고 바람에 흔들렸다. 가슴이 쿵쾅거리고 도망가고 싶은 맘이 요동쳤지만, 왼발을 줄 위에 내밀고 다음 오른발을 단호히 줄 위에 내디뎠다. 한 발 한 발 옮길 때마다 두려움은 사라지고 점점 편안해졌다.

페팃은 안전장치 하나 없이 긴 막대기 하나만 들고 아스라한 공중에서 45분 동안 걸어서 8번이나 왔다 갔다 하고 중간에 눕기도 했다. 엄청난 광경을 감지한 사람들은 보고서도 믿기지 않는다며 고개를 절레절레 흔들었다. 내려오자마자 질문이 빗발쳤다.

"그 높은 곳에 왜 올라갔나요?"

페팃의 대답은 간단했다.

"이유가 뭐냐고요? 특별한 이유는 없습니다. 도전은 꿈입니다. 그 꿈

을 실현하는 것에 '왜?'라는 질문은 적절치 않습니다."

페팃의 이야기는 애니메이션이나 소설이 아니고 현실이다. '꿈은 포기하지 않으면 반드시 이루어진다.'는 귀 아프도록 들은 사실을 몸소 보여 주었다. 꿈을 이루고자 하는 노력과 열정이 411m 높이의 가느다란 줄에서 곡예를 부릴 수 있는 자신감을 만들어 냈다. 센트럴파크에서 페팃의 줄타기를 본 누군가도 꿈을 갖고 도전할 용기를 얻었을 것이다. 페팃은 '불가능에 대한 도전의 영웅'으로 인정받으며 현재도 용기를 전파하고 있다.

센트럴파크를 2시간 정도 걸으니 다리가 아파 온다. 오벨리스크(Obelisk)와 메트로폴리탄 뮤지엄(The Metropolitan Museum of Art)을 지나고 엄청나게 큰 재클린 케네디 오나시스 저수지(Jacqueline Kennedy onassis Reservoir) 옆에서 잠시 휴식을 취했다. 조깅하는 뉴요커들이 수없이 지나간다. 레깅스 입고, 이어폰 끼고, 하나로 묶은 머리를 찰랑거리며 뛰는 모습들에 '영화 속 장면인가?' 하는 착각이 인다.

"넓은 뉴욕 센트럴파크를 왜 걸었냐고요? 이유는 없습니다. 꿈을 이룬 것뿐이에요. 하하!"

:: 참조 ::

· 필리페 페팃, 이민아 역, 『나는 구름 위를 걷는다』, 이레, 2008

· 로버트 제메키스, 영화 〈하늘을 걷는 남자〉, 2015

· 제임스 마쉬, 다큐멘터리 〈Man on Wire〉, 2010

· TED TALKS(PBS)

센트럴파크에서 걸었던 코스이다.

04

100살이 넘었네요, 여전히 멋져요

:: 패션 아울렛과 아이리스 아펠 ::

'당신의 패션과 머리 스타일은 지금 어떤가요? 남의 시선을 너무 의식하거나 유행을 너무 좇고 있는 건 아닌가요? 혹은 귀찮다는 핑계로 자신을 가꾸기에 게으르지 않나요? 옷매무시를 가다듬고 거울 한번 볼수록 그만큼 젊어집니다.'

내 패션 어때요?

뉴욕 거리 철조망 울타리에 털실로 짜 놓은 아름다운 여인이 눈에 띈다. 커다란 안경과 주렁주렁 목걸이로 치장하고, 빨간 바지를 입고 있는 폼이 딱 아이리스 아펠(Iris Apfel, 1921~)이다. 뉴욕의 아이콘이고 100세 할머니 패셔니스타이다.

길을 걷다가 본 모습. 철조망에 짜 놓은 여인은 분명히 아이리스 아펠이다.

벙거지 모자에 큰 카메라를 들고 티덜티덜 걷는 한국 여인의 모습이 쇼윈도에 비쳐 보인다. 곧장 북한산 둘레길로 가야 할, 편하게만 입은 패션이다. 울타리에 앉아 있는 아이리스 아펠을 만나고 난 후라 더 초라해 보인다. 뮤지컬 극장, 박물관, 레스토랑도 가야 하고, 패션의 도시, 뉴욕이니까 최소한의 복장 예의를 갖춰 보기로 한다.

하루 시간을 비워 우드버리 커먼(Woodbury Common) 아울렛으로 향한다. 1985년에 오픈한 세계 최초의 명품 아울렛이며 220여 개의 브랜드 매장이 있다. 맨해튼에서 1시간 거리에 있으므로 시외버스터미널에서 버스[5]를 타고 간다. 추가 할인받을 쿠폰북과 안내지도[6]도 챙기고 가고 싶은 매장을 먼저 정하고 코스를 잡는 건 필수이다.

한국인이 얼마나 많은지 한국어 안내방송도 들린다. 우리나라에서 선호하는 미국 브랜드는 아주 저렴하고, 세계적인 명품 브랜드 가격도 생각보다 저렴한 것 같다. 역시 뉴욕 우드버리 아울렛은 좀 멀어도 다녀올 가치가 있는 세계 최고의 아울렛이다. 속이 비치지도 않고 구겨지지

---

5 • 우드버리 아울렛 버스비는 왕복 30~40불(구입 장소와 시기에 따라 다름), 시외버스 터미널인 포트 오소리티(Port Authority)에서 출발한다.

6 • 홈페이지에 등록하고 출력해 가면 쿠폰북과 안내 지도를 인포메이션(Information)에서 받을 수 있다.

도 않는 검정 원피스 하나 사 입으니 어딜 가도 좋은 패션이 된다.

맨해튼에서는 명품거리 5번가(5th Avenue)에서 눈에 기름칠을 한 후 패션 아울렛 센추리 21(Century 21)에 자주 가곤 했다. 1961년에 설립되어 뉴욕 쇼핑의 메카로 자리 잡아 왔다. 메트로로 갈 수 있는 로어맨해튼(Lower Manhattan)에 있어서 굉장히 편리했다.

센추리 21은 코로나 19의 직격탄을 맞았다. 2020년, 파산 신청까지 하고 뉴욕을 포함 미국 내 매장 13곳이 폐쇄되었다는 안타까운 소식이 들려온다. 좋은 물건 저렴하게 살 수 있는 매력적인 곳이었는데 아쉽다. 2021년 초, 다행스럽게 다시 개장할 것이라는 뉴스를 접했는데 그 장소가 우리나라 부산과 세종이란다. 놀랍고 기대된다.

아이리스 아펠을 철조망에서 만난 덕에 뉴욕 패션으로 탈바꿈하고 나니 뉴요커가 된 기분이다. 아리리스 아펠도, 영화 〈악마는 프라다를 입는다(The Devil Wears Prada)〉(2006)의 주인공 앤 해서웨이의 패션도 부럽지 않다.

자신의 캐릭터를 유지하고 드러내라

갈색에 무늬가 있는 중국 마오족의 튜닉을 입고 호박 목걸이를 주렁주렁 걸었다. 팔목에서 팔꿈치까지 다양한 팔찌들이 점령했고 신발은 자수를 놓아 직접 만든 갈색 단화(스모킹 슈즈)를 신었다. 노랑, 주황색,

아이리스 아펠의 패션은 공작처럼 화려하다.

갈색으로 색깔 톤을 맞춘 패션에 커다란 안경으로 화룡점정(畵龍點睛)을 찍고 한 바퀴 휘 휘돌며 스스로 만족해한다. 100세 할머니, 아이리스 아펠의 패션이다.

아펠은 앵무새처럼 화려한 의상에 과감한 액세서리로 매일 다르게 치장하는 게 일이다. 몇 십 년을 살아오며 쌓은 추억과 사연이 깃들어 있는 애장품들로 독특하고 에스닉(Ethnics: 민족 전통적)한 패션을 멋지게 소화해 내는 미국 패션계의 살아 있는 전설이다.

아펠은 뉴욕 유리 가게와 패션숍을 운영하는 집안에서 태어났다. 남편 칼(Carl)과 함께 원단 회사인 올드 월드 웨버스(Old world Weavers, 1950년)를 설립하고 트루먼, 케네디, 레이건과 클린턴 등 9명의 대통령을 위해 백악관과 저택의 인테리어 작업을 했다.

사업상 해외에 갈 때마다 벼룩시장을 방문해 세계 곳곳의 귀하고 오래된 전통의상(Costume)과 장식품들을 샀고 조화롭게 코디해 자신만의 독특한 패션을 선보이곤 했다. 큰 백(Bag)을 좋아해서 그에 어울리는 동그랗고 큰 안경을 자주 쓰다 보니 그녀의 트레이드마크가 되었다. 독특한 재질과 다양한 크기의 액세서리를 겹쳐 착용한 과감하고 도발적인 그녀의 패션은 상상을 초월한다.

2005년, 메트로폴리탄 박물관에서 아이리스 아펠의 패션 전시회가 개최되었다. 믹스매치의 여왕답게 화려한 의상에 과감한 액세서리로

메트로폴리탄 박물관 앞에 선
아이리스 아펠 바비 인형은 건강하다.
(사진 참조 아펠 인스타그램)

레이어드(여러 옷을 조화롭게 겹쳐 입은)한 패션들은 선풍적인 인기를 끌었다.

그녀의 아이템이 값비싼 명품이어서 멋진 게 아니다. 싼 것과 비싼 것, 멋진 것과 그렇지 않은 것을 함께 활용하기에 더 빛이 나고 세련되어 보인다. 과거와 현재, 동양과 서양이 함께 어우러진 패션에서 다양한 역사와 문화도 엿보인다. 젊음과 최신 트렌드에 민감한 패션계에서 지금도 유명 디자이너와 셀러브리티(Celebrity)의 존경을 한 몸에 받고 있다. 최고령 바비 인형의 모델을 했고, 최근 H&M과 협업했다는 소식도 들려온다. 그녀 삶의 열정을 담고 있는 애장품들은 귀한 보물처럼 박물관으로 보내지고 있다.

"난 예쁘다고 생각한 적 없고 지금도 그래요. 나 같은 사람은 매력적으로 보이려면 스스로 나 자신을 만들어 가야 하고 좀 더 흥미로운 사람이 되도록 노력해야 하죠. 그래서 나이를 먹어도 젊은 사람들과 통하는 거예요."

_아이리스 아펠

아펠은 100살 할머니지만 자신의 내·외면 가꾸기에 늘 부지런하다. '인생은 재미없고 따분한데 옷과 액세서리로 즐거움을 선사하면 좋잖아요.'라며 특별한 일이 없는 날에도 깨끗하고 정갈하게 차려입어 다양한 패션을 시도해 본다. 컨디션이 안 좋거나 우울한 날에도 활동하며 물건을 사러 나가 19살인 것처럼 최신 트렌드와 젊은 감각을 느끼고 파악하려고 노력한다.

'1년 동안 안 입는 옷은 무조건 다 버려라'라는 말을 자주 듣는다. 품질이 좋은 옷일 경우 버리지도 못하고 입지도 않는다. '이 스타일을 지금 입어도 되나?', '나에게 너무 과하지 않나?'라며 자꾸 망설이게 된다.

아이리스 아펠이 너무 부럽다. 젊었을 때부터 정성스럽게 수집한 아이템을 활용해서 100세가 되도록 자신의 캐릭터를 확실히 유지하고 있는 자심감과 용기를 닮고 싶다. 우리나라 사람들은 외국인과 비교하면 유행에 너무 민감하고, 나이 들어가면서 머리와 패션이 비슷하게 변해 간다. 우리도 남을 너무 의식하지 말고 자신의 개성을 드러내고 유지해야 할 필요가 있다.

'검이불루 화이불치(儉而不陋 華而不侈: 검소하되 누추하지 않고 화려하되 사치스럽지 않다)'라는 백제 건축미에 대한 평이 생각난다. 패션에도 적용해 보니 딱 좋다. 패션은 단순히 옷이 아니고 자기 자신이며, 생각이고, 삶이라고 생각한다. 과하지 않은 사치, 적절한 우아함은 젊음 유

명품 브랜드에서 출시한 마스크의
항균 효과는 어떨까.

지와 정신 건강에 좋고, 때론 훨씬
더 많은 것을 얻게 한다.

아펠의 가장 화려해 보이는 사
진을 그려 보았다. 화려함을 다 표
현해 내기가 어려웠지만 멋진 옷
을 직접 입어 본 것처럼 기분이
좋아진다. 마스크를 쓴 아펠 바비 인형도 그렸다. 내친김에 명품 브랜드
에서 내놓은 항균 마스크 패션을 그려 보았다. 몸 전체를 가리고 눈만
내놓은 모습은 재밌고도 무섭다.

:: 참조 ::

• 앨버트 메이슬리스, 다큐멘터리 〈아이리스(Iris)〉, 2014

05

우리는 허드슨강으로 간다

:: 허드슨강과 체슬리 설리 설렌버거 ::

여행 중에 유람선 타는 일은 큰 즐거움이다. 시원하게 물을 가르며 날리는 묘미도 있고, 멀리서 도시의 숲을 감상할 수 있어서 여행의 재미는 배가된다. 뉴욕 허드슨강(Hudson River)에서 타는 유람선은 좀 특별하다. 기적이 일어났던 곳이라 가슴 뛰고 긴장감까지 느껴진다.

허드슨강

허드슨강에서 맨해튼을 바라보다

맨해튼 스카이라인이 한눈에 들어온다. 햇살이 내려앉은 강물에 눈이 부시고, 파란 하늘은 보송보송한 솜덩이들을 무심하게 던져 놓고 멋

허드슨강 위에 서면 뉴욕의 힘을 느낄 수 있다.

짐을 뽐내고 있다. 뉴욕 허드슨강의 서클라인 유람선은 승객을 잔뜩 싣고, 맨해튼 서쪽 항구(Pier 83)에서 출발해 뉴욕항이 있는 로어맨해튼 쪽으로 향한다.

102층 엠파이어스테이트 빌딩(Empire State Building)과 아르데코 양식의 크라이슬러 빌딩(Chrysler Building)이 돋보인다. 유람선 출발 전부터 가이드가 녹음기 틀어 놓은 듯, CNN 뉴스 하는 톤으로 설명하기 시작하지만, 맨해튼 마천루의 강한 존재감은 어떠한 장황한 설명도 모두 삼켜 버린다. 세계무역센터가 테러로 무너진 후 새로 세워진 원 월드 트레이드 센터(One World Trade Center)가 유독 눈에 들어온다. 기린처럼 홀로 우뚝 솟아 로어맨해튼을 평정하고 있다.

허드슨강의 길이는 507km로 넓고 수심이 깊다. 뉴욕주와 뉴저지주의 경계를 지나고 하구에서 뉴욕항이 있는 대서양과 만난다. 뉴욕항은 18세기 세계 무역의 중심지였고, 새로운 삶을 찾아 이민자들이 밀려들어 왔던 뉴욕의 관문이다.

뉴욕항에 닿은 유람선은 리버티섬(Liberty island)의 자유의 여신상 정면에서 잠시 멈춘다. 자유의 여신상이 얼마나 큰지 그 아래 여행객들이 새끼손가락만 해 보인다. 유람선에서는 자유의 여신상 정면에서 인증 샷을 찍으려고 자리 쟁탈전을 벌인다.

가슴속에 잔잔한 요동이 인다. 세계적인 도시 뉴욕 맨해튼을 눈앞에 둔 이유도 있지만, 허드슨강은 곧바로 '기적'이라는 말을 끌고 오기 때문이다. 2009년 1월 15일, 허드슨강에서 영화보다 더 영화 같은 기적이 일어났다.

우리는 허드슨강으로 간다

여객기 한 대가 뉴욕 라과디아(LaGuardia) 공항을 출발해 노스캐롤라이나주 샬롯 국제공항(Charlotte international Airport)으로 향하고 있었다. 이륙 2분 후 새 떼와 부딪혀 여객기 엔진 2개가 모두 고장 나 버렸다.

관제탑에서 나른 공항에 비상 착륙하도록 유도하지만, 기장은 어떤 공항으로도 갈 수 없는 긴박한 상황이라 판단하고 "우리는 허드슨강으로 간다."라고 짧게 알렸다. 관제탑에서는 "다시 한 번 말해 달라."고 하지만 더 이상 여객기로부터 답은 없었다. 그리고 곧바로 허드슨강 수면 위로 무언가가 하얀 물보라를 일으키며 빠른 속도로 지나갔다.

그렇게 화창한 겨울 오후, US항공(US Air Ways) 여객기 한 대가 허드슨강에 불시착했다. 항공기 기장 체슬리 설리 설렌버거(Chesley Sully Sullenberger, 이하 설리)의 기지(機智)로 탑승객 전원, 155명이 구조되는 기적이 일어났다.

"기장입니다. 충돌에 대비하십시오."

기장은 급하게 한마디 했다. 너무나도 긴박해서 관제탑과 상세하게 소통할 상황이 아니었고, 승객은 물론 승무원에게조차 당시 상황을 알리지 못했다. 911 테러 이후 조종실 문이 강화되어 조종실과 기내의 소통이 쉽지도 않은 상황이었다. 방송을 들은 승무원들은 즉시 위급한 상황이라 판단하고 침착하게 승객들의 안전을 도왔다.

기장은 새 떼와 충돌 후 가장 가까운 공항 활주로에도 갈 경황이 없고, 허드슨강 쪽으로 활강하는 게 가장 안전하다고 판단했다. 재빨리 허

허드슨강에 불시착 후 승객들이 구조를 기다리고 있다.

드슨강 쪽으로 방향을 잡고 착수를 시도했다. 비행기는 앞이 약간 들린 상태로 글라이더처럼 날아가 수면에 닿고 날개가 수평으로 물 위로 미끄러지다 멈췄다.

승무원들의 안내에 따라 승객들은 비행기 날개와 슬라이드 레프트 (Slide Raft)[7]로 재빨리 탈출했다. 보고도 믿기지 않은 장면을 눈앞에서 목격한, 인근에 있던 페리(Ferry) 14척과 뉴욕 경찰이 바로 달려와 추위와 공포에 떨고 있는 승객들을 신속하게 구조했다. 비행기 이륙 후 허드슨강 불시착까지 6분, 전원 구조까지 총 24분 만에 일어난 일이다.

기장 설리는 16살에 첫 비행 교습을 받기 시작해 공군 전투기 조종사를 거쳐 US항공 조종사까지 42년 비행 경력(사고 당시)을 가진 베테랑이다. 평소 생활 습관을 스스로 엄격하게 관리하고 웬만해선 자제력을 잃지 않는 조용한 성격이다. '당신이 상황을 지배하지 못하면 상황이 당신을 지배하게 될 것이다.'라는 신조를 마음속에 담고 살았다.

"아직 누구 있습니까? 앞으로 나오세요."

기장은 물이 밀려들어 오는 기내에 남아서 미처 나오지 못한 승객이

---

7 · 비행기 문에 달린 비상용 구호 미끄럼틀인 동시에 구명보트.

있는지 확인하며 기내를 두 번씩 오가고 맨 마지막에 탈출했다. 승무원들은 기장에게 빨리 나오라며 발을 동동 구르고, 비행기는 점점 가라앉아 이미 물이 허리까지 차오른 상태였다. 영화 〈설리 허드슨강의 기적〉(2016)에서 그때의 긴박함을 그대로 보여 준다. 기장과 승무원들이 차분하게 대처하고, 책임을 다하는 모습이 감동적이다.

비행기가 물 위에 착륙할 때 좌우 균형이 조금이라도 안 맞으면 저항이 매우 커서 안전하게 내리는 것은 어렵고 위험한 일이라고 한다. 예측하지 못한 위험한 순간에 리더의 역할이 얼마나 중요한지 절실히 느껴진다.

불시착하고 구조된 직후 기장 설리는 젖은 몸으로 바로 US항공사에 보고했다. TV 화면에 이미 사고 장면이 도배되고 있고, 어쩌면 죽을 수도 있었던 상황이었는데 '나름의 체크리스트'에 따라 확인하고 보고라니…. 그 철저함에 혀가 내둘린다. 바로 그 철저함이 절체절명의 순간, 208초의 기적을 만들어 낸 것이다.

**"1549편 여객기와 함께했던 5분간의 비행은 짧은 여정이 아니었다.
나의 전 생애가 나를 그 강으로 안전하게 이끌어 준 것이다."**

_기장 설리

설리는 아주 짧은 시간, 5분에 그동안 한 치의 소홀함도 없이 살아온 인생의 지혜와 경험을 모두 쏟아부었다는 얘기다. '영웅'이라는 찬사가 쏟아지자 '평소 배우고 훈련받은 대로 했을 뿐'이라며 부기장, 승무원들과 관제사와 함께 이룬 일이라고 공을 돌렸다.

허드슨강의 기적은 2008년 경제 위기로 대량 실업이 발생하고 삶의 터전이 불안했던 시기에 미국인들에게 큰 용기를 주었다. '불가능한 위기 속에서도 헤쳐 나갈 방법이 있다'는 희망을 품게 했다. 설리는 요즘도 전 세계 사람들로부터 편지와 이메일을 받고 있다. 허드슨강의 기적 이후로 '자기 삶의 뒤를 돌아보고, 희망을 품게 되었다'는 감사 편지들이다.

요즘 유난히 '골든타임'이나 '응급구조'라는 말에 민감하다. 다급한 위기 상황에서 몸에 밴 습관처럼 행동하려면 매사에 아주 작은 일에도 철저히 임해야 한다. 기적은 우연히 일어나지 않는다. 바로 어제, 오늘 했던 생각과 행동이 기적을 만들어 낸다. 현재도 지구상에 기적이 필요하다.

유람선은 로어맨해튼을 돌아 멀리 있는 브루클린 브리지까지 보여 주고 다시 선착장으로 향한다. 유람선을 타는 1시간 동안, 맨해튼 마천루가 주는 위력과 '허드슨강의 기적'으로 가슴을 꽉 채우고 나니 도심으로 들어가 빨리 빌딩 사이를 누비고 싶어진다.

:: 참조 ::

• 체슬리 설렌버거, 제프리 재슬로, 신혜영 역, 「허드슨강의 기적」, 인간희극, 2016

• 클린트 이스트우드, 영화 〈설리 허드슨강의 기적〉, 2016

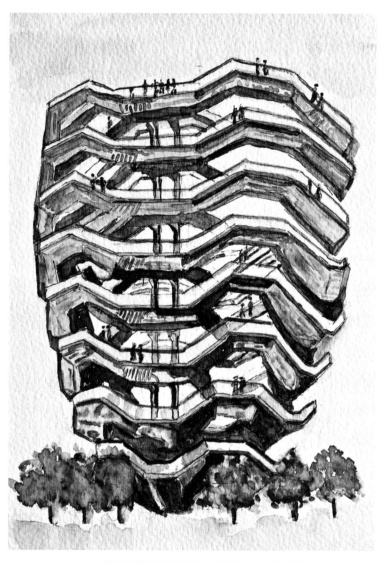

허드슨강을 따라가다 보면 뉴욕의 랜드마크가 된 베슬(Vessel)이 보인다.

06

무조건 막아야 한다

:: 911 기념 공원과 UA93 값진 희생자들 ::

폭포수가 눈물이 되어 끊임없이 흘러내린다. 거
대한 두 개의 폭포는 모두의 슬픔을 받아 내며 깊은
울음소리를 낸다. 911 기념 공원(911 Memorial Park)
에 서니 그날의 놀라운 장면이 스크린처럼 지나간
다. 희생자를 추모하고 애쓴 영웅들에게 경의를 표
한다.

911기념박물관

911 기념 공원, 현실 같지 않은 현실의 현장

맨해튼 빌딩 숲 안에 두 개의 초대형 폭포가 있다. 911 테러로 무너진
월드 트레이드 센터(World Trade Center)가 있던 자리에 만들어진 사우

쌍둥이 빌딩이 무너진 자리에 만들어진 두 개의 폭포에서 눈물이 끝없이 흘러내린다.

스 풀(South pool)과 노스 풀(North pool)이다. 웅웅 소리를 내며 떨어지는 폭포수는 테러로 인해 흘린 유가족들과 미국인의 눈물을 상징한다.

폭포의 검은 동판 위에 희생자들의 이름이 가득 새겨져 있다. 평소 친하거나 같이 일하던 이들의 이름을 서로 가까이 배치했다고 한다. 이름 중에 'Her unborn child'가 눈에 띈다. 엄마 배 속에서 함께 떠난 아이까지 새겨 놓은 세심함이다. 아기를 위한 한줄기 눈물을 폭포수에 실려 보낸다. 빗물을 머금은 노란 장미와 여기저기 이름 위에 꽂힌 미국 국기가 그들을 어루만지고 있다.

2001년 9월 11일 평온했던 아침, 미국에서 4대의 민항기가 납치되고 동시다발 자살테러가 일어났다. 뉴욕의 110층짜리 세계무역센터(WTC) 쌍둥이 빌딩이 무너지고, 워싱턴의 국방부 청사 펜타곤(The Pentagon)이 공격받아 모두 3,000여 명이 사망했다.

2011년 9월 11일, 테러 10주년을 맞아 911 기념 공원과 2014년 추모 박물관(Memorial Museum)이 뉴욕 그라운드 제로(무너진 세계무역센터 WTC 자리)에 문을 열었다. 테러가 일어나고 10년이 지난 뒤이며 희생자를 기리고 상처받은 뉴욕 시민들을 다독여 주는 의미를 담고 있다. 추모 공원 디자인은 2003년 국제 현상 공모전에서 당선된 이스라엘 출신 마이클 아라드(Michael Arad)의 '부재의 반추(Reflecting Absence)'이며 '의도가 있는 침묵, 목적을 가진 공백'을 의미한다.

911 추모 박물관에 늘어가니 웅장한 철 기둥이 가장 민저 눈에 띈다. 월드 트레이드 센터를 받치고 있던 기둥이다. 기둥에 써 놓은 'save'를 보니 한 사람이라도 구하고자 한 절실함이 느껴진다. 수백 명의 사람이 걸어 내려와 생명을 구한 '생존의 계단'이 보존되어 있다. 자욱한 먼지 속을 뚫고 오르내리던 TV 속 영상이 현실이었다는 점을 상기시켜 준다. 소방관들이 죽음을 무릅쓰고 용감하게 구조 활동을 펼치던 사다리 소방차와 엘리베이터 모터 등이 그때의 참담함을 보여 주고 있다. 희생자의 얼굴도 영상으로 보여 주고 있으며 인적 사항과 마지막 메시지, 그들이 어떤 사람이었는지에 대한 지인들의 증언들이 잘 정리되어 있다.

박물관을 돌다 정신적·육체적으로 힘들면 언제든지 나갈 수 있도록 곳곳에 출입문이 있다. 휴지도 준비되어 있으며 실제로 눈물을 훔치는 이들도 있다. 박물관 전체에서 떠난 사람을 기억하고 남은 사람을 충분히 배려한 정성과 세심함이 느껴진다.

세계무역센터와 펜타곤이 여객기 3대의 폭탄 테러 공격을 받은 그 시간, 불행의 불씨를 실은 비행기가 한 대 더 있었다. 뉴저지 뉴어크(New Jersey Newark) 공항을 출발해 샌프란시스코를 향하고 있던 UA93(United Airlines) 여객기이다.

UA93 값진 영웅들을 추모하며

UA93 일등석 식사 서빙을 마친 스튜어디스가 조종사에게 식사를 내미는 순간, 아랍계 청년 두 명이 조종석을 공격했다. 또 다른 테러범들은 이미 객실을 점령하고 폭발물을 소지하고 있다고 위협했다. 승객들이 모두 공포에 휩싸여 기내 전화로 가족들에게 작별 인사를 하려던 중에 그때 비로소 무역센터와 펜타곤의 테러 사실을 알게 된다.

공포에 떨던 승객들은 추가 테러단임을 감지하고 테러 집단과 필사적으로 싸워 객실을 되찾았다. 조종석까지 탈환하려고 결투를 벌이다 결국 비행기는 10시 3분 펜실베이니아주 생스빌(Shanksville) 인근에 추락해 탑승객 전원이 사망했다. UA93 편의 승객들은 추가 테러를 막고 조국을 구한 영웅으로서 존경받고 있으며, 비행기가 추락한 자리는 국립 기념지로 지정되어 매년 추모 행사가 열리고 있다.

UA93에서 테러 공격을 당한 이들이 모두 희생되었기에 테러 집단이 항공기를 탈취해서 향한 목표가 어디였는지는 지금도 불분명하다. 마지막 비행경로나 정황상 워싱턴 DC의 미국 국회의사당이나 백악관 쪽으로 가고 있었다고 판단하고 있다. 테러를 무조건 막아 내기 위해 사투를 벌인 UA93편 승객들의 저항이 더 큰 피해를 막아 낸 셈이다. 값진 희생이다.

인터넷 자료를 통해 UA93 블랙박스의 실제 녹음된 자료를 들어 보

원 월드 트레이드 센터 옆에 새가 비상하는 모양을 표현한 오큘러스역이 있다.

면 계속되는 경보음과 함께 아비규환이었던 현장이 그대로 느껴진다. 블랙박스의 녹취록을 분석하고 사건의 정황을 파악해 영화 〈플라이트 93(Flight 93)〉(2006)으로 만들어졌다. 당시 관제 센터에 재직한 관계자들, 실제 조종사, 스튜어디스들이 배우로 출연해 실제로 그 일을 겪고 있는 것 같은 실감 나는 연기를 보여 준다. 침 삼킬 여유조차 없이 긴박하고 엄청난 긴장감에 온몸에 전율이 인다.

무너진 쌍둥이 빌딩을 대신할 원 월드 트레이드 센터가 다시 세워졌다. 뉴욕에서 가장 높은 빌딩으로 로어맨해튼을 든든히 지키고 있다. 세계무역센터 교통 허브인 오큘러스 (The Oculus)역이 빌딩을 호위하듯 서 있다. 하얀 새가 날개를 펴고 비상하고 있는 모습이며 내부에 들어가니 거대한 새 안에 들어가 있는 것처럼 환상적이다. 퇴근 시간에 무역센터에서 나오는 뉴요커의 인파가 엄청나

911 테러로 무너진, 황금빛 노을이 반사된 월드 트레이드 센터이다.

다. 911 테러 당시에도 그토록 많은 사람이 쌍둥이 빌딩(WTS)에 근무하고 있었다는 얘기다.

세계 곳곳에 방문하기 위험한 나라들이 많아지고 있다. 대부분의 갈등은 종교적 갈등으로부터 시작된다. 인간의 정신적인 면을 다스리는 종교가 각자의 이익과 욕심을 채우기 위한 다툼의 근원이 되고 있는 것이다. 그 사이에 조용히 침범한 코로나19 팬데믹으로 세계가 힘들어하는 상황이다. 지금이야말로 국경, 종교와 이념을 떠나 모두 한마음으로 노력해야 할 때이다.

911 테러로 인한 희생자와 'UA93의 다른 영웅들'의 명복을 빌고, 한 사람이라도 더 구하기 위해 고군분투하다 희생된 수백 명에 달하는 소방관과 경찰관들에게 경의를 표한다.

:: 참조 ::

- 폴 그린그래스, 영화 〈플라이트 93〉, 2006

:: 여행 tip ::

- 입장 시간은 오전 9시부터 저녁 8시까지, 입장료는 24불. 매주 화요일 5시부터 8시

  까지 무료입장이 가능하며 인터넷 예약 및 시간 지정은 필수다.

01

전혀 이루어지지 않을 헛된 꿈처럼 보일지라도

:: 하이라인 파크와 하이라인 친구들 ::

하이라인 파크

빌딩 속에서 만난 꽃들은 자연 미인처럼 편안하고 예쁘다. 하이라인 파크(High Line Park)에서는 천천히 걸으며 복잡한 머리와 피곤한 눈에 휴식을 주면 된다. 불가능해 보이는 일에 포기하지 않고 도전한 '하이라인 친구들(Friends of High Line)'이 있기에 하이라인 파크는 더욱 소중하다.

야생공원, 하이라인 파크

'단순하게, 야생 그대로, 조용히, 천천히'

뉴욕 하이라인 파크에서 느낄 수 있는 분위기이다. 콘크리트와 철로 사이를 비집고 나온 풀과 야생화를 따라 걸으며 뉴욕의 평온함을 느껴 본다.

하이라인 파크는 9m 높이에 있어서 맨해튼 한복판인데도 차 없는 세상인 듯, 고요하게 무념무상 상태로 걸을 수 있다. 음주, 흡연과 고성방가도 할 수 없으며, 자전거, 스케이트보드와 애완동물도 입장 금지여서 신경 쓰이는 게 없다.

하이라인 파크는 맨해튼에 30년 동안 버려진 고가철도 위에 조성된 도시 재생공원이다. 공사를 시작한 지 10년 만인 2009년 5월 문을 열었다.

하이라인은 1930년대 미국 산업 성장 시기에 화물 운송을 위해 맨해튼에 생겨난 고기철도이다. 딩시 맨해튼 웨스트사이드(West Side)는 말, 마차, 증기기관차와 사람이 엉키고 혼잡해서 '죽음의 도로(Death Avenu)'라 불릴 정도로 위험한 도로였다. 혼잡함을 해소하기 위해 화물열차를 위한 9m 높이의 하이라인 고가철도를 건설했고, 열차가 건물 속으로 들어가 화물을 하역할 정도로 편리했다.

그러던 것이, 새로운 도로망과 화물트럭의 증가로 1980년에 운행을 정지하고 계속 방치되어 왔다. 주민들과 부동산 지주들이 철거해 달라고 요구하고 도시의 골칫거리, 야생동물 세상이었던 하이라인 고가철도가 뉴욕의 랜드 마크로 재탄생한 것이다.

뉴욕 하이라인 파크는 고가 철로에 피어난 야생화 천국이다.

하이라인 파크를 걸으면서 유리창을 통해 빌딩 속 세상을 들여다보기도 하고 건물 벽에 그려진 그림과 곳곳에 서 있는 조각 작품을 보는 재미도 좋다. 10th 에비뉴 스퀘어(10th avenue square & overlook)에는 넓은 극장식 계단이 있어 앉거나 누워서 쉴 수 있고, 창문 프레임 안으로 쭉 뻗은 길 위의 가로수와 차들을 보며 여유도 즐길 수 있다.

하이라인 파크에서는 허락된 경우를 제외한 개인 이벤트나 상행위도 금지이고, 개인의 독점 공간으로 활용되는 것을 막기 위해 특정 건물로 연결된 출입구도 없다. 복잡한 도심에서 어떠한 방해도 받지 않고 산책

할 수 있는 하이라인 파크가 탄생한 것은 끈질기게 불가능에 도전한 '하이라인 친구들(Friends of High Line)' 덕분이다.

'하이라인 친구들'의 끈질긴 노력으로

하이라인 파크를 만든 주인공은 로버트 헤먼트(Robert Hammond)와 조슈아 데이비드(Joshua Davis)이다. 1999년, '뉴욕시장인 줄리아니(Giuliani) 행정부가 하이라인을 철거하려 한다.'라는 뉴스를 본 후 흥미롭게 느껴져 공청회에 참여했다. 근처에 살면서 맨날 보던 하이라인인데 '맨해튼을 관통하며 22개 블록에 걸쳐 그대로 보존된 산업 유물이라는 점'이 그날따라 새롭게 보였다. 공청회에서 '하이라인 보존'에 관심을 두는 사람은 조슈아와 로버트 둘뿐이었다.

두 청년은 '하이라인 보존을 위해 공원화가 가장 간소한 방안'이라는 연구 결과에 마음이 끌려 '하이라인 친구들'이라는 사업체를 조직했다. 하지만 하이라인이 공원화하기 위해서 풀어야 할 해결책들이 너무 많았고 용어도 생소했다. 특히 청년 둘 다 무일푼이라 더욱 힘들었다.

노력의 일환으로 사진작가 조엘 스텐 펠트(Joel Sternfeld)가 『하이라인을 걸으며(Walking High Line)』라는 책을 출간했다. 관심을 끌기 위해 설계 공모전을 개최하고 인물사진 프로젝트, 모금 행사와 멤버십 메일링(Membership Mailing)을 시행했다. 방치된 채 척박한 땅 위에 펼쳐진

하이라인 야생화 천국을 본 사람들은 모두 감탄을 했다. 캘빈 클라인(Calvin Klein)이나 티파니 앤 코(Tiffany &Co) 같은 기업도 천만 달러씩 기부했다. 마이클 블룸버그가 뉴욕시장에 당선된 후, 하이라인 공원화에 긍정적 관심을 보여 순조롭게 진행되었다. 하이라인 파크는 기획에서 완성까지 15년 걸렸다. 미트패킹 지역(Meatpacking District)의 갠스부트가(Gansevoort)에서 34번가까지이며 2009년에 1차 개방, 2016년에 전 구간(2.5km) 개방되었다.

하이라인 파크에 야생풀이 아무렇게나 자라고 있는 것 같지만 사실 모든 것을 완전히 들어낸 후 다시 조성된 공원이다. 350여 종 야생식물의 씨앗을 모두 채취하고 열차 레일을 모두 들어냈다. 판 위에 자갈을 깔고 배수로 공사 후 흙을 깐 다음 2008년에 풀과 다년생 식물을 심었다. 레일을 제자리에 다시 놓고 식물과 야경 조망에 방해되지 않도록 조명은 높지 않게 설치했다.

뉴욕 하이라인 파크는 과거 건축물을 보존하며 새로운 도시 재생을 하는 모범적 모델이다. 뉴욕시가 아니라 뉴욕 시민과 비영리 시민단체의 노력과 기부로 탄생한 점에서 그 가치를 더 인정받는다.

뉴욕의 랜드마크가 된 하이라인 파크는 1993년에 조성된 프랑스 파리의 프로므나드 플랑떼(Promenade plantée)에 영감을 얻어 만들어진 공원이다. 또한 서울시는 2017년 하이라인 파크를 벤치마킹해서 서울

역 고가차도를 개보수하여 '서울로 7017'을 만들었다. 뉴욕, 파리와 서울의 공원은 산업화를 보여 주는 역사물을 보존해 공원이 되었다는 가치는 같지만 느낌은 제각각이다. 프로므나드 플랑떼는 나무도 크고 공원으로서 완벽한 모습을 갖추고 있어서인지 고

서울로 7017도 머지않아
풀과 나무가 울창해지면 좋겠다.

가에 있는 공원이라는 느낌은 별로 받지 못했다.

서울로7017은 코스도 짧고 아직 나무와 꽃들도 풍성하지 않지만, 서울역 주변을 시원하게 볼 수 있어서 특별한 전망대 역할을 톡톡히 한다. 중림동 약현성당, 한양도성과 남대문시장까지 연결해서 걸을 수 있어서 미래의 가치도 기대된다. 서울로7017도 뉴욕 하이라인 파크처럼 서울의 랜드마크로 거듭나길 기대해 본다.

"하이라인 파크 성공을 보고 사람들이 힘을 내서 성사되기 어려운 온갖 프로젝트를 밀고 나갔으면 한다. 하이라인이 한때 그랬던 것처럼. 그 일이 전혀 이루어지지 않을 헛된 꿈처럼 보일지라도."

_하이라인 친구들

'하이라인 친구들'이 전해 주고 싶어 하는 메시지이다. 불가능해 보였던 '하이라인 파크 프로젝트'의 성공은 무에서 유를 창조해 냈다고도 볼 수 있다. 공원이 조성되는 동안 2001년 911 테러와 2008년 경제 위기를 겪으면서도 꿋꿋이 진행했다고 한다.

목표를 정하고 도전할 때 가장 두려운 것은 불가능해 보이는 불안감과 떨어지는 자신감이다. 팬데믹으로 힘든 시기를 겪고 있는 요즘, '하이라인 친구들'이 주는 메시지는 움츠렸던 어깨를 펴게 하고 사그라드는 열정에 불을 지피게 도움을 줄 것이다. 포기하지 않으면 이룰 수 있다는, 그 흔한 말을 되뇌며 목표를 향해 밀고 나가게 한다.

하이라인 파크를 걷다가 계단을 총총총 내려가니 휘트니 미술관(The Whitney Museum of American Art)이고 첼시마켓이다. 첼시마켓 맛집에서 허기를 해결하고, 미술관 관람을 끝내고 나오니 지는 해는 허드슨강을 붉은빛으로 물들이고 있었다.

:: 참조 ::
• 조슈아 데이비드, 로버트 해먼드, 『하이라인 스토리』, 푸른숲, 2014

02

1달러의 힘을 보여 주세요

:: 자유의 여신상과 조지프 퓰리처 ::

자유의 여신상(Statue of Liberty)은 멀리서도 잘 보일 만큼 뉴욕항에 우뚝 서 있다. 리버티섬(Liberty Island)에 가서 그 아래에 서 보면 웅장한 존재감은 상상 이상이다. 자유의 여신상이 지금의 자리에 있기까지 조지프 퓰리처(Joseph Pulitzer, 1847~1911)의 공이 크다는 것도 알아 두면 좋겠다.

자유의 여신상

자유의 여신상, 영원히 빛나는 횃불을 손에 들고

리버티섬에 가려는 사람들은 늘 많다. 리버티섬 페리(Ferry)를 타기 위해 땡볕 아래 늘어선 긴 줄을 보고 몇 번을 포기했었는데…. 드디어 도전이다. 배터리 파크(Battery Park)를 출발한 페리는 약 15분 후 리버티 섬에 도착한다. 가는 동안 페리 위에선 자유의 여신상과 맨해튼 스카이라인 등을 구경하고, 사진을 찍느라 눈과 손이 무척 바쁘다.

자유의 여신상은 꿈, 희망, 미국 자유와 민주주의의 상징이다. 19세기에 전쟁·독재·가난·종교적인 문제를 뒤로하고 아메리칸드림을 꿈꾸며 대서양을 건너 희망의 땅, 미국에 도착한 수백만 명의 이민자들에게 꿈과 희망을 선사했다. 엄청나게 큰 자유의 여신상을 눈앞에 마주하니 당시 이민자가 된 것처럼 가슴이 뛴다.

> 너의 지치고 가난한, 자유를 갈망하는 이들,
>
> 너의 풍요의 기슭에서 버림받은 가련한 이들을 내게 보내라.
>
> 세파에 시달려 갈 곳 없는 이들 내게 오거든,
>
> 나 황금의 문 곁에서 높이 등불을 들리니!
>
> _에마 라자루스(Emma Lazarus), 「새로운 거상(The new colossus)」
>
> (1883) 중에서

자유의 여신상 받침대에 새겨진 시이다. 어머니와 같은 마음으로 환영한다는 메시지를 담고 있다. 리버티섬에 도착하면 오디오 가이드를 하나씩 준다. 한국어도 가능하며 시계방향으로 돌면서 들으면 된다. 자

리버티섬으로 들어가며 페리에서 본 자유의 여신상과 맨해튼은 완벽했다.

유의 여신상의 역사, 만들어진 재질, 색깔 특성과 맨해튼의 역사 등을 들을 수 있어서 재밌고 알차다.

구리가 산화되어 푸른빛으로 변한 자유의 여신상은 햇빛을 받아 더욱 아름답다. 보는 방향에 따라 인자해 보이기도 하고 강인한 카리스마도 느껴진다. 부드럽게 흘러내리는 옷자락은 대서양에서 불어오는 바람에 펄럭일 것처럼 자연스럽다.

여신상을 받치고 있는 받침대는 별 모양이며 생각보다 굉장히 크고 높다. 받침대와 크라운에는 3~4개월 전에 예약해야만 올라갈 수 있다. 크라운에 뚫린 창으로 여행자들이 언뜻언뜻 보인다. 목젖을 드러내고 올려다보며 아쉬움을 달래 본다.

자유의 여신상을 한 바퀴 돌다 보면 맨해튼의 스카이라인, 엘리스섬, 브루클린, 스태튼 아일랜드와 뉴저지 등 뉴욕항 주변이 파노라마처럼 펼쳐진다. 특히 세계에서 가장 바쁜 도시, 맨해튼은 장난감 빌딩들이 물 위에 떠 있는 것처럼 깜찍하고 평온해 보인다.

자유의 여신상은 프랑스가 미국 독립 100주년을 기념하기 위해 준 선물이다. 1885년, 214개의 동판으로 해체되어 미국에 도착했고, 프랑스 파리 에펠탑을 만든 귀스타프 에펠(Gustave Eiffel, 1832~1923)이 내부 철근을 설계해 1886년에 완성했다.

프랑스 국민의 모금 운동으로 제작된 자유의 여신상이 지금의 자리에 세워지기까지 어려움이 있었다. 프랑스에서 도착한 자유의 여신상을 미국이 받침대를 만들어 세워야 했지만, 재정 상태가 좋지 않아 미국 하원이 10만 달러 지급을 거절했기 때문이다.

조지프 퓰리처의 노력으로 자유의 여신상의 받침대 자금이 마련되었고 지금의 자리에 세워졌다. '퓰리처' 하면 퓰리처상만 알고 있었지, 거의 모르고 있던 사실이다.

조지프 퓰리처와 위대한 이민자들

"자유의 여신상은 독립 이후 1세기 동안 우리가 달성한 것들을 상징하는 멋진 선물입니다. 우리가 그 조각상이 상륙할 곳조차 제공하지 않는 것은 뉴욕시와 미국의 돌이킬 수 없는 수치가 될 것입니다. 백만장자들의 기부를 기다리지 맙시다. 자유의 여신상은 백만장자들에게 선물한 것이 아니고 미국 시민 모두에게 선물한 것입니다. 돈을 모금해야 합니다!"

_조지프 퓰리처

뉴욕주 하원의원(1884년에 당선)인 퓰리처가 호소했다. 250달러를 기부하며, 1885년 3월 16일 그의 신문사 뉴욕 월드(New York World)에 자유의 여신상 받침대 건립을 위해 모금하자는 기사를 냈다. 불과 5개월 만에 십만 명이 넘는 사람들이 기부했고 101,091달러가 모아졌다. 어린이, 사업가, 거리 청소부와 정치인 등이 참여했고 기부금의 4분의 3 이상이 1달러 미만씩이었다.

퓰리처는 기부에 대한 감사의 의미로 금액에 상관없이 기부한 모든 이들의 이름을 신문에 실어 주었다. 1886년, 자유의 여신상은 드디어 기존에 요새 역할을 했던 별 모양의 받침대 위에 튼튼하게 세워졌다.

퓰리처는 세인트루이스에서 독일어 신문 웨스틀리체 포스트에서 기자 생활을 시작했고 경영자가 되어 승승장구했다. 1884년 뉴욕 월드를 사들여 뉴욕에 진출했고, 재미있는 신문을 만든다는 신념으로 기존의 신문과는 다른 파격적인 신문을 만들었다. 부자와 정치인들을 비판하는 글을 쓰고, 만화, 'Yellow Kid(옐로 키드)'를 등장시켜 서민들의 삶을 재밌게 표현했다. 그러한 퓰리처식 표현들이 급속히 대중의 인기를 끌면서 뉴욕 월드는 미국 최대의 판매 부수를 올렸다.

뭐든지 잘되면 경쟁자가 있고 과하면 부작용이 있는 법. 퓰리처도 이런저런 많은 일을 겪으며 건강까지 잃게 되었고, 말년에는 신문과 언론을 위해 많은 활동을 하고 삶을 마감했다.

'퓰리처상(Pulitzer Prize)'은 조지 퓰리처의 중요한 업적이다. 퓰리처의 기부로 컬럼비아대학에 신문학과가 개설되고 그의 유언에 따라 퓰리처상이 제정(1917년)되었다. 퓰리처상은 노벨상만큼 상금이 많지는 않지만, 언론인과 문학, 예술인들에게 사명감과 자부심을 느끼게 하는 최고의 상으로 '언론계의 노벨상'이라 불린다.

리버티섬 투어를 마치면 여행자들 모두 페리를 다시 타고 800m 떨어진 엘리스섬(Elis Island)에 있는 이민 박물관으로 향한다. 1990년에 개장한 이민 박물관은 1892년부터 1954년까지 1,200만 명의 이민자가 들어왔을 때 대문 역할을 한 이민 관리소였다. 먼 항해 끝에 자유의 여신상을 보며 기뻐하는 것도 잠시, 이민자들은 이민 관리소에서 이민 심사를 통과해야 미국에 들어갈 수 있었다.

박물관에 이민자들이 들고 온 가방, 이민 심사하는 창구, 사진 등이 전시되어 있다. 사진 속 사람들 눈동자에서 '신대륙에서 살아 보겠다.'라는 강한 의지가 보인다. 1층에 전시된 가방과 사진들을 보니 마음이 찡하다. 폴란드 아우슈비츠 수용소의 가방과 사진들이 머릿속에 겹쳐진다. 희망과 절망이라는 완전히 다른 상황이었지만 가방 안에는 모두 '희망'이 담겨 있었다는 생각을 잠시 해 본다.

자유의 여신상은 퓰리처의 받침대 모금 운동 덕분에 지금의 자리에 세워져 현재까지도 많은 이들에게 희망이 되어 주고 있다. 퓰리처에 대한 감사의 표시로 자유의 여신상의 발가락에 이름이 새겨져 있다. '퓰리

엘리스섬의 이민자 사무소로 1200만 명의 이민자가 들어왔다. 현재 이민자 박물관이다.

힘든 시기를 잘 이겨 내자는 의미를 담아
자유의여신상에 마스크를 씌워 그려 보았다.

치의 이름이 누구나 잘 볼 수 있는 곳에 새겨져 있다면 좋을 텐데…' 하는 아쉬움이 있다.

1달러 정도의 작은 정성들이 모여 큰 과업을 완수해 내는 일은 멀리 오래도록 퍼져 나가야 할 훈훈한 미담이다. 퓰리처의 모금 운동은 미국 기부 문화의 좋은 사례이며, 요즘 시행되고 있는 크라우드 펀딩(Crowd funding)[8]과도 같은 방법이다. 현재 주변에서도 각자의 이익 때문에 혹은 편견과 트렌드를 운운하며 소중한 것들이 외면당하는 일이 계속되고 있다. 개인의 작은 일이든, 나라와 세계의 큰일이든 먼 훗날을 내다보는 안목으로 신중하게 생성되고 유지되어야 한다.

:: 참조 ::

• 데니스 브라이언. 김승옥 역. 『퓰리처』. 작가정신. 2002

---

8 • 크라우드 펀딩은 자금이 없는 사람들이 프로젝트를 공개하고 필요 자금과 기간을 정하여 대중의 다수에게 투자를 받는 방식이다.

• 자유의 여신상과 엘리스섬 투어 가격은 티켓과 오디오 가이드를 포함하여 성인

   18.50$, 시니어 14$, 어린이 9$이다.

||||||||||||||||||||||||||||||||||||||||||||||||||||||||||||||||||||||||||||||||||||||||||||||||

03

부(富)를 유지하는 비결은

:: 록펠러센터 전망대와 존 D. 록펠러 ::

록펠러센터 전망대

여행 중에 전망대는 필수 코스이다. 구석구석 누비던 빌딩 숲도 한눈에 내려다볼 수 있고 불빛으로 치장한 화려한 모습도 볼 수 있기 때문이다. 록펠러센터 전망대는 센트럴파크와 엠파이어스테이트 둘 다 내려다볼 수 있어서 아주 매력적이다. 억만장자의 빌딩에 올라 부자에 대해 생각해 본다.

Top of the Rock에 올라

전망대에 오르면 낮과 밤의 모습을 다 봐야 직성이 풀린다. 오후 5시쯤에 록펠러센터 전망대로 향한다. 여름 기준으로 황금 시간대이다.

록펠러 건설 당시 인부들이 H빔에서 쉬는 모습은 봐도 봐도 신기하고 아찔하다.

입장 티켓 예약할 때 시간을 미리 정하므로 기다리는 줄은 별로 길지 않다.

폭포처럼 쏟아져 내려오는 스와로브스키 크리스털 샹들리에를 보며 회전 계단을 올라가서 보안 검색대를 통과한다. 엘리베이터를 타고 43초 만에 67층 전망대에 도착한다. 전망대로 가기 전 커다란 사진이 눈길을 사로잡는다. 록펠러 빌딩을 건설하던 당시 빌딩의 H빔 위에 앉아 쉬고 있는 인부들의 모습이다. 당시의 삶과 패션 등을 알 수 있는 귀한 사진이다.

록펠러센터 전망대는 3개의 층(67·69·70)에 있고, 맨 위 70층에서는 유리 없이 바로 전망을 볼 수 있어서 더 실감 난다. 머리를 90도로 꺾어야 하늘에 닿은 끝을 볼 수 있었던 빌딩들이 발보다 한참 아래 보인다. 허드슨강, 이스트강과 대서양까지 한눈에 다 보인다. TV나 영화 속에서 많이 보던 모습이다.

커다란 센트럴파크가 한눈에 쏙 들어온다. 빛이 조금 남아 있어서 다행이다. 자로 그은 듯 반듯한 직사각형 안에 잔디밭, 브로콜리처럼 몽글몽글 올라온 나무숲과 파란 호수로 꽉 채워져 있다. 센트럴 파크 오솔길을 구석구석 걸어 보았기에 더 정감이 간다.

뉴욕 마천루는 점점 황금빛으로 물들어 가고 허드슨강은 다이아몬드처럼 반짝인다. 젓가락처럼 가늘고 높이 솟은 빌딩은 바람에 쓰러질 듯 아슬아슬해 보인다.

엠파이어스테이트 빌딩이 아주 잘 보이는 곳에 많은 사람이 몰려 있다. 겨우 비집고 들어가 카메라를 장전한 후 장소와 빌딩 맞추기 놀이를 하니 재밌다. 엠파이어스테이트 빌딩, 타임스퀘어, 크라이슬러 빌딩, 원월드 트레이드 센터, 자유의 여신상…. 입에 올리는 것만으로도 대단한 명소들이다.

"그 집 땅 안 밟고는 마을로 들어갈 수가 없었지." 어릴 적 할머니가 어느 부잣집을 얘기할 때 하던 말이다. 록펠러센터는 존 D. 록펠러의 아

뉴욕 록펠러 빌딩 Top of the Rock에서 센트럴 파크와 맨해튼을 한눈에 내려다볼 수 있다.

록펠러센터 전망대에서 본 맨해튼 야경은 너무 아름답다.

들 록펠러 2세가 지은 맨해튼 속 또 하나의 도시이다. 비슷한 모양의 19개 빌딩이 멋진 슈트로 잘 차려입은 신사들처럼 매끈하게 서 있어서 맨해튼 미드타운(Midtown)에 가면 가장 먼저 눈에 띈다.

재불백년(財不百年), 백 년 가는 재산 없고 부자는 3대를 가지 못한다는데 록펠러 가문이 여전히 부자라는 사실은 쇼킹하고 그 비결이 궁금해진다. 록펠러 가문은 어떻게 지금까지 부를 유지할 수 있었을까?

대를 이은 부(富)는 자녀 교육과 기부 덕이다

아버지 존 D. 록펠러(John Davison Rockefeller, 1839~1937)는 '석유왕'으로 불리는 미국 역사상 최고의 부자이자 자선 사업가이다. 1913년에 이미 인류사를 통틀어 최고액의 재산을 보유한 억만장자였으며, 록펠러 가문은 1백 년이 흐르는 동안 여전히 부를 유지하고 있다.

록펠러는 19세기 산업화 시대에 미래 산업을 꿰뚫어 보는 예지력으로 정유 사업에 뛰어들어 부를 축적했다. 그의 부는 시기에 잘 맞는 사업 덕분이기도 하지만 가장 중요한 것은 평생 금전출납부를 적으며 근검절약하는 습관 덕이다.

그는 의지가 강하고 검소한 부모님 밑에서 자랐다. 그의 아버지는 막 걸음마를 시작한 록펠러의 손을 잡아 주는 척하다가 놔 버리고 '너는 아무도, 심지어 아버지인 나도 전적으로 믿지 마라.'고 말할 정도로 엄격하게 키웠다.

고등학교 졸업 후 종합도매상에 취직해 경리 일을 맡아 회사의 '회계장부 A'를 기록했다. 주급 4불을 받아 집세 내고 기부와 저축한 내용을 1전 단위까지 개인 금전출납부에 꼼꼼히 기록했고, 석유왕으로 성공해서도 그러한 기록 습관은 변함없이 계속되었다. 록펠러의 근검절약과 용돈 관리장 쓰는 습관은 자식과 손자들에게도 그대로 이어졌다. 집안일을 돕거나 악기를 연주하면 추가 용돈을 주며 용돈 버는 법도 가르쳤다.

록펠러의 재산 관리를 맡아 온 프레데릭 게이츠 목사는 록펠러에게 자선 사업과 교육 사업을 하도록 조언했다. 록펠러는 그 조언을 받아들여 록펠러 재단, 의학 연구소 등을 설립해 엄청난 기부를 했다.

아들 록펠러 2세는 40세가 넘어 부를 책임지고 관리할 수 있는지 검증 과정을 거친 후에 재산을 물려받았다. 10여 년 후 재산을 2배로 불렸고, 1929년 대공황 와중에 록펠러센터 건립을 추진했다. 주식시장 폭락으로 개인 재산이 약 60% 줄어들고 다른 투자자도 없이 힘든 상태인데도 일자리를 창출해 내 사회적 책임을 지는 투자를 했다. 록펠러 2세의 투자는 성공적이었고 경기가 회복된 후 더 큰 부를 얻었다.

록펠러 재단은 한때 미국 석유의 95%를 독점하면서 '강도 귀족 (Robber Baron)' 낙인이 찍히기도 했었다. 그러나 기부와 사회적 책임을 지는 투자로 실추된 이미지가 회복되었고, 록펠러 2세 때에 '미국 1호 가문'이라 불리며 존경받기 시작했다.

록펠러의 기부는 미국 기부 역사의 시작이며 그의 후손은 물론 워런 버핏, 빌 게이츠, 마크 저커버그 등으로 이어져 오고 있다. 록펠러의 기부 또한 용돈 자녀 교육과 함께 그 가문의 부가 유지될 수 있는 또 하나의 이유이다.

'황금 천 냥이 자식 교육만 못하다.'는 속담이 생각난다. 자녀 교육은 누구에게나 어려운데 부자들에게도 특히 어려운 일이라고 한다. 자녀가 현실에 감사하며 돈을 귀하게 여기고, 자산 관리를 잘하도록 교육하려면 엄청나게 노력해야 한단다. 돈이 두 배, 세 배 유혹하기 때문이다. 돈을 벌기도 어렵지만, 돈을 쓰고 재산을 지키는 일은 더 어려운 일이다.

현대사회는 인터넷 발달로 보는 눈도 높아지고, SNS에 과시하며 스스로 만족하는 사회 풍조 때문에 수입이 소비를 따라가지 못하는 경우가 많다. 젊은이들이 취직해서 돈을 벌면서도, 심지어 결혼해서도 부모의 경제적 도움을 받는 경우도 많다. 자식에게 돈을 많이 준다고 부자가 되는 것도 아니며 오히려 독이 되는 경우를 주위에서 많이 볼 수 있다. 록펠러의 근검절약과 철저한 자녀 교육은 이 시대 누구에게나 귀한 교훈이다.

하늘이 점점 붉어지더니 곧 어두움에 자리를 내준다. 도시는 하나둘씩 불을 밝히고 하늘은 점점 짙푸른 색으로 변해 간다. 시간이 갈수록 도시는 점점 더 화려하고 멋진데 세찬 바람은 도시로 빨리 내려가라 재촉한다. 휴일에 전망대에 올라가면 빌딩에 불이 거의 꺼져 있어 야경이 화려하지 않으므로 되도록 평일을 추천한다.

:: 참조 ::

• 방현철, 『부자들의 자녀교육』, 이콘, 2017

• 사라 노울즈 볼튼, 곽동훈 역, 『기부자들』, 라이프맵, 2017

• 다큐멘터리 〈미국을 만든 거인들〉

• (www.youtube.com/watch?v=D2iTVI1rEoo)

* 유튜브에 뉴욕 그리는 모습과 스토리가 공개되고 있다.

   https://youtu.be/piA91hN28ms

04

굳은 의지를 쌓아 만든 거대한 예술작품

:: 솔로몬 R. 구겐하임 미술관과 프랭크 로이드 라이트 ::

센트럴파크에서 잠시 외출 나온 하얀 달팽이 같다. 둥글고 뱅글뱅글 감아 올라가는 나선형 모양은 볼수록 예쁘고 신기하다. 뉴욕 구겐하임 미술관(Solomon R. Guggenheim Museum)은 외관만으로도 건축가 프랭크 로이드 라이트(Frank Lloyd Wright, 1867~1959)의 천재적 예술성이 돋보인다.

솔로몬 R. 구겐하임 미술관

구겐하임 미술관의 독특한 매력

한눈에 확 들어온다. 뉴욕 솔로몬 R. 구겐하임 미술관은 '저게 건물이야? 아니면 거대한 조각물이야?' 되물어야 할 정도로 예술적이다. 주변

뉴욕 솔로몬 R. 구겐하임 미술관은 건축물 자체가 예술 작품이다.

건물들과는 확연히 다른 독특한 외관은 많은 여행자들의 발길을 멈추
게 한다.

미술관 내부에 들어가면 난생처음 보는 광경에 눈이 번쩍 뜨인다. 하
얀 복도는 뱅글뱅글 올라가 유리돔 천장까지 닿아 있다. 천장으로 들어
온 자연광이 달팽이 집 같은 미술관 구석구석에 손을 뻗쳐 작품들을 빛
내 준다.

평소 습관처럼 미술관 맨 위층으로 올라가 6층에서 내려다보니 1층
아트리움에서와는 또 다른 느낌이다. 뱅글뱅글 나선형 복도와 작품을

감상하는 관람객들은 그 자체로 훌륭한 예술작품이다.

구겐하임 미술관에는 인상주의, 후기 인상주의와 현대 미술 작품이 전시되어 있다. 복도를 따라 내려가면서 기획전에 전시된 작품과 몬드리안, 샤갈, 특히 칸딘스키의 추상화 작품들을 감상하는 재미가 상당히 좋다. 비구상·추상화는 무엇을 의미하는지 많은 생각을 하고 상상하게 만든다. 특히 칸딘스키(Wassily Kandinsky, 1866~1944)의 작품 수십 점이 전시된 상설 전시관에서 추상화에 푹 빠져 볼 수 있다. 세잔, 르누아르, 고흐, 피카소 등의 익숙한 작품들도 있어서 반갑다.

구겐하임 가문은 광산업으로 부자가 된 유대인 마이어 구겐하임(Meyer Guggenheim, 1828~1905)으로부터 시작된다. 아들 솔로몬 R. 구겐하임(Solomon Robert Guggenheim, 1861~1949)은 1890년대부터 유럽의 미술작품을 수집했고, 1930년대, 당시에는 생소한 추상화가 칸딘스키를 만나 그 천재성을 알아보고 빠져 추상화 작품을 사들였다. 1939년에 비구상화 미술관(Museum of Non-Objective Painting)을 열었고, 자신과 조카 페기 구겐하임이 수집한 많은 작품을 전시하기 위해 뉴욕에 미술관 설립을 계획했다.

솔로몬은 추상주의, 비구상 작품들과 어울리는 독특한 미술관을 건축가 프랭크 로이드 라이트에게 의뢰했다. 라이트는 그동안 연구하고 추구해 온 자신의 건축 철학을 담아 15년 동안 700장을 스케치했고, 미

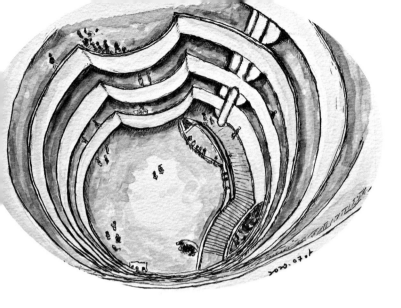

술관은 1943년에 착공해서 라이트 사망 6개월 후인 1959년에 완공되었다.

근대 건축 거장 프랭크 로이드 라이트

"뭐니 뭐니 해도 가장 큰 비난은 건축미가 전시 미술품의 아름다움을 넘어선다는 것이다. 순환하는 경사로와 함께 하늘로 솟는 볼륨을 보는 것은 지극히 감동적인 경험이다. 그 효과는 가시적이고 감정적이어서 오감을 만족하게 한다. 건물은 살아 있다."

_프랭크 로이드 라이트

미국 건축가 프랭크 로이드 라이트가 설계한 구겐하임 미술관은 너무나 혁명적인 구조 때문에 건축가와 예술가들의 엄청난 반대에 부딪혔다. 그 자체가 너무 독특하고 예술적이어서 작품 감상을 방해할 뿐만 아니라 경사지고 둥근 벽에 어떻게 작품을 거느냐는 것이었다. 설계하고 건축하는 과정에서 다양한 요소들이 변경되었고 지금의 나선형 모습은 라이트의 당당함과 굳은 신념 덕분에 유지되었다.

구겐하임 미술관은 20세기 위대한 걸작으로 평가받고 있으며 2019년, 라이트의 건축물 총 8개[9]와 함께 유네스코 세계문화유산에 등재되었다. 미국 근대 건축물로는 처음이다.

라이트는 르코르뷔지에(Le Corbusier, 1887~1965), 미스 반 데어 로에(Mies van der Rohe, 1886~1969)와 함께 세계 근대 건축가 3대 거장으로 불리고 있다.

"어머니는 임신 중에 잡지에서 영국 대성당들의 목판화 그림을 잘라

---

9 · 2019년 유네스코 세계문화유산 등재된 8개 건축물은 솔로몬 R. 구겐하임 미술관(뉴욕 · 1959), 낙수장(Falling water, 펜실베이니아 · 1939), 프레드릭 C. 로비 하우스(시카고 · 1909), 쿤레이 저택(캘리포니아 · 1908), 탤리에신, 탈리어센 웨스트(애리조나 · 1936), 홀리혹 하우스, 유니티 교회이다.

사진틀에 넣고 보며 태어날 아들이 건축가가 될 것이라고 말했다."

_프랭크 로이드 라이트, 『프랭크 로이드 라이트 자서전』 중에서

라이트가 세계적인 건축가가 된 데는 어머니의 영향이 크다. 프뢰벨 장난감을 사서 교육 방법을 연수받아 직접 가르쳤다. 프뢰벨 교육은 '원, 사각, 삼각형 등이 조화를 이루는 기하학적인 체계'의 이해와 디자인 감각을 키우는 데 도움을 주었다.

라이트는 대학교를 중퇴하고 시키고 건축가 루이스 설리번(Louis Sullivan, 1856~1924) 밑에서 일하며 자신의 건축 사상을 일찍이 확립했다. 뾰족한 유럽 전통 양식을 벗어나 미국의 광활한 대평야와 잘 어우러지고 자연과 조화를 이룬 유기적 건축을 꾸준히 연구하고 설계했다. 완만한 경사 지붕, 평온한 스카이라인, 굴뚝, 깊은 처마와 낮은 테라스가 있는 프레리 양식으로 미국에서 많이 볼 수 있는 주택 양식이다.

라이트는 일본 도쿄의 데이고쿠 호텔(Imperial Hotel) 건축을 맡아 7년 (1915~1922) 만에 완공했고, 다음 해(1923) 관동대지진 때 파괴되지 않아 엄청난 찬사를 받았다.

라이트는 우리나라 집마다 설치되어 있는 보일러를 최초로 개발했다. 보일러는 겨울 난방을 위해 없어서는 안 될 존재인데 개발자가 그 유명한 건축가, 프랭크 로이드 라이트라니 상당히 쇼킹한 얘기다. 라이

구겐하임 미술관 건축가 프랭크 로이드 라이트의 걸작 낙수장이다. 펜실베이니아 피츠버그 위치.

트가 호텔 건축 일로 일본에 갔을 때, 다다미방에서 추위로 떨다가 따뜻한 '한국의 방'으로 초대되어 온돌을 경험했다. 건축에 대한 열정과 천재적인 감각을 가진 라이트가 그냥 지나칠 리 없었다. 온돌을 연구하고 라디에이터의 방식을 적용해 온수 파이프를 고안해 냈다. 우리나라는 그 방식을 들여와 현대식 보일러를 만들었고 현재도 잘 활용하고 있다.

라이트는 빠른 건축 철학 정립과 성공에도 불구하고 롤러코스터를 타는 듯한 삶을 살았다. 부인 외에 3명의 부인이 더 있었는데, 두 번째 여인과 살던 집에서 살인 사건과 불이 나는 바람에 많은 것을 잃었다.

불굴의 의지로 집을 복원해 내는 사이에 라이트는 건축계에서 외면당하고 잊혀 갔다.

그런데도 당당함과 자신감을 잃지 않았으며 자서전을 쓰고 제자 양성 시스템인 펠로우십(Fellowship)을 성공적으로 운영해 재기하는 데 성공했다. 모두 은퇴할 나이에 제2의 전성기를 맞이했고 그가 시행한 모든 일의 3분의 1 이상이 그의 말년 9년 동안 이뤄 낸 일이다.

해외여행을 하다 보면 건축물을 보며 많은 감동을 받는다. 돋보이는 디자인과 과학적인 설계 구조뿐만 아니라 100년, 200년 긴 세월을 견디고도 여전히 튼튼하고 아름답기 때문이다. 자연과 교감하는 유기적 건축은 현재도 추구하고 있는 건축 이념이다. 라이트는 시대를 앞서가는 건축 철학을 꿋꿋이 밀고 나가며 미국 전통 주택 양식을 확립했다. 뉴욕 구겐하임 미술관도 설계에서 완공까지 많은 논란과 변화를 거쳤음에도 라이트의 강인한 정신이 미술관을 탄생하게 했다.

자연을 닮은 구겐하임 미술관은 천장의 유리 돔(Dome)으로 들어오는 빛을 받아 살아 움직일 것처럼 생동감이 넘친다. 계단을 오르내리거나 방을 옮기지 않고 경사로를 따라 물 흐르듯 내려오면서 작품 감상에 더 집중할 수 있어서 더욱 만족스럽다.

:: 참조 ::

• 프랭크 로이드 라이트, 이종인 역, 『프랭크 로이드 라이트 자서전』, 미메시스, 2006

• 에이다 루이즈 헉스터블, 이종인 역, 『프랭크 로이드 라이트 20세기 건축의 연금술사』, 을유문화사, 2018

• 서수경, 『프랭크 로이드 라이트 자연을 품은 공간 디자이너』, 살림, 2004

:: 여행 tip ::

• 토요일 오후(4~6시) 기부제 입장(Pay What you Wish), 이탈리아 베니스, 독일 베를린에도 구겐하임 미술관이 있다. 1997년 스페인의 소도시 빌바오에 구겐하임 미술관을 열었고, 2013년에는 아부다비에도 구겐하임 미술관이 들어섰다.

||||||||||||||||||||||||||||||||||||||||||||||||||||||||||||||||||||||||||||||||||||||||||||

05

역이야? 궁이야?

:: 그랜드 센트럴 터미널과 코넬리어스 밴더빌트 ::

뉴욕에서 100년도 더 되었다는 건물을 보면 '그게 정말 사실일까?'라고 늘 의문이 든다. 여전히 너무나 튼튼해 보이고 근사하기 때문이다. 그랜드 센트럴 터미널(Grand Central Terminal)도 100년 넘게 뉴욕 맨해튼 중심을 든든히 지키고 있다. 웅장하고 아름다운 모습에서 당시 철도의 위력이 얼마나 대단했는지 느껴진다.

그랜드 센트럴의 가치

로마 여신으로 둘러싸인, 세계에서 가장 큰 시계가 눈길을 사로잡는다. 그랜드 센트럴 터미널 정면에 자리 잡은 시계는 티파니 유리로 되어 있고 지름이 4m나 된다. 가까이 솟아 있는 아르데코 양식의 크라이슬러 빌딩과도 잘 어울린다. 그랜드 센트럴 터미널의 내부는 '여기가 역이야? 궁이야?' 되물어야 할 정도로 웅장하고 아름답다. 파리 오페라 하우스 계단을 본떠 만들었다는 대리석 계단을 올라가서 발코니에 서니 역 내부와 천장이 한눈에 들어온다. 새벽하늘처럼 청록색으로 은은하게 빛나는 높은 천장에는 2,500여 개의 별이 반짝이고 있다. 프랑스 예술가 폴 세자르 엘뢰(Paul César Helleu, 1859~1927)의 작품으로 12궁도의 별자리를 묘사한, 근사하고 신비로운 벽화이다. 놀랍게도 별은 23K 금으로 채색되어 있다고 한다.

인포메이션(Information: 안내소) 위에 영롱한 빛을 발하고 서 있는 대형 시계는 그랜드 센트럴 터미널이 궁이 아니라 열차 역임을 상기시켜 준다. 시계는 4면이 오팔로 만들어져 있고 그 가치는 엄청나다고 한다. 아치형 창문으로 햇빛이 들어와 샹들리에는 더욱 화려하고, 웨딩 촬영하는 예비부부를 더 빛나게 한다. 그랜드 센트럴 터미널에는 기차를 타려는 사람보다 역 자체를 즐기는 사람이 더 많아 보인다.

그랜드 센트럴 터미널(이하 '그랜드 센트럴'이라 칭함)은 현재 뉴욕의 랜드마크이며 전 세계에서 가장 큰 역이다. '터미널'은 처음 지어질 당시에 모든 기차의 종착역이었기에 붙여진 이름이다. 철도가 발달하면서

뉴욕 그랜드 센트럴과 크라이슬러 빌딩은 너무 높아서 함께 찍기 어렵다.

1947년에 미국 역사상 최대의 수송객이 이용하며 뉴욕의 최대 관문 역할을 했다.

1950년대 자동차와 항공기의 발달로 이용객이 줄고 도심 개발 계획으로 없어질 위기에 처하지만, 뉴욕 시민들과 재클린 케네디(Jacqueline Kennedy, 1929~1994)의 끈질긴 철거 반대 운동으로 현재까지 당당히 뉴욕 맨해튼의 미드타운을 지키고 있다. 현재는 뉴욕주와 코네티컷주 쪽으로 가는 통근 열차가 운행되며 매일 수십만 명의 인파가 이곳을 통해 출퇴근한다.

그랜드 센트럴은 〈나는 전설이다〉, 〈맨 인 블랙〉 등 영화 속에도 많이 등장하고, 2020년 2월에 방탄소년단이 미국 유명 토크쇼인 〈더 투나잇 쇼 스타링 지미 펄론(The Tonight Show Starring Jimmy Fallon)〉에 출연하면서 신곡 〈ON〉을 선보인 무대이기도 하다.

그랜드 센트럴은 자동차와 비행기도 없고 운송 수단으로 기차가 전성기를 이루던 때(1871년)에 철도왕 코넬리어스 밴더빌트(Cornelius Vanderbilt, 1794~1877)에 의해 지어졌다. 밴더빌트의 거대한 권력을 상징하는 기념비적인 건물이며 화강암과 대리석을 이용해 보자르 양식(Beaux-Art: 대조, 아치와 조각 장식이 특징)으로 지어졌다. 지금의 모습은 1913년에 다시 지어진 것이며, 낡고 더러워져 1998년에 대대적으로 청소하고 수리했다.

그랜드 센트럴 터미널 내부는 궁처럼 아름답다.

흙수저의 성공, '철도왕' 코넬리어스 밴더빌트

밴더빌트는 가난한 이민자 3세로 16세 때, 100달러를 빌려 배 한 척으로 사업을 시작했다. 최첨단 교통기관인 증기선으로 사업을 하며 '선박왕'이라 불릴 정도로 성공했다. 미국 화물 운송이 점차 선박에서 기차로 넘어가는 시대의 흐름을 읽은 밴더빌트는 선박 사업을 빨리 정리하고 철도 사업에 뛰어들었다.

동서를 연결하는 미국의 대륙횡단 철도가 1869년에 완공되고 서부 개척과 남북전쟁을 겪으면서 철도는 물자 수송과 전후 복구를 위해 빠르게 뻗어 나갔다. 철도가 광활한 미국 땅을 하나로 묶어 주어 경제는 엄청나게 성장했고, 그 폭발적인 변화 속에서 밴더빌트는 명실공히 미국의 '철도왕'이 되었다. 미국 최초 재벌이 탄생한 것이다.

철도가 과잉 건설되자, 밴더빌트는 기차 화물 운송에 관심을 두었다. 당시 유전이 발견되고 등유의 수요가 늘어나면서 전기가 미국인 생활에 혁명을 가져올 것으로 예측하고 정유 사업을 시작한 존 데이비슨 록펠러(John Davison Rockefeller, 1839~1937)와 손을 잡았다.

철도는 19세기, 미국이 경제 대국이 되는 데 초석이 된다. 철도·정유업의 발달과 함께 철강왕 앤드류 카네기(Andrew Carnegie), 전기를 발전시킨 에디슨(Thomas Alva Edison), 은행가 J. P. 모건(John Pierpont Morgan)과 자동차를 발전시킨 헨리 포드(Henry Ford)도 함께 등장했다.

미국은 50여 년 동안 서로 최고 부자가 되려는 경쟁 속에서 전대미문의 거부들과 함께 세계적인 강대국이 되었다.

밴더빌트, 록펠러와 카네기는 미국의 3대 부호이다. 밴더빌트 가문의 재산은 아들 윌리엄 밴더빌트(William Henry Vanderbilt, 1821~1885)가 사업을 이어받아 두 배로 늘어났다. 테네시주에 있는 밴더빌트 대학과 약간의 기부 외에 밴더빌트 재산은 거의 자식들에게 상속되었고 3대와 4대를 지나면서 안타깝게도 모두 사라졌다. 기부가 적은 탓인지 록펠러, 카네기와 비교하면 밴더빌트를 아는 사람은 그리 많지 않다.

기부가 적든, 현재까지 부가 이어지지 못했든, 밴더빌트의 철도 사업이 미국 경제 성장의 기초가 된 점에 큰 가치를 두고 싶다. 미국의 철도는 석유 산업에 성장의 계기를 마련해 주고 철강, 전기, 은행, 자동차에 이르는 산업 발전에도 영향을 미치며 오늘날의 미국을 만들어 낸 것이다. 그랜드 센트럴 옆으로 맨해튼에서 두 번째로 높은 전망대 원 밴더빌트(One Vanderbilt)가 2020년 9월에 오픈했으니 앞으로 밴더빌트의 이름이 좀 더 많은 사람에게 회자될 것 같다.

밴더빌트는 가난한 이민자의 후손으로 교육도 제대로 받지 못했다. 한 분야에 최고가 되려는 그의 열정과 강한 뚝심, 시대의 흐름을 꿰뚫어 보는 통찰력과 추진력으로 억만장자가 되었다.

코로나19로 텅 비어 있는 그랜드 센트럴의 모습이다.

요즘은 개천에서 용 나기 어렵고, 흙수저의 성공은 쉬운 일이 아니라고들 말한다. 하지만 금수저로 태어나더라도 경쟁 사회에서 이기기 위한 노력 없이는 성공을 기대할 수 없다. 노력하고 준비하면 누구에게나 성공의 기회는 온다.

뉴요커(Newyorker) 3월(2020년) 잡지 표지에서 본 텅 빈 그랜드 센트럴 터미널 모습을 그려 보았다. 탑승객분만 아니라 여행자, 웨딩 촬영팀 등 늘 붐비는 곳인데 청소하는 분 달랑 1명만 있는 표지가 쓸쓸해 보인다. 이 또한 역사의 한 페이지이다.

그랜드 센트럴은 기차를 타지 않더라도 출출하거나 달달한 디저트가 생각날 때 들러도 좋다. 모든 기차는 지하에서 운행되므로 소음이나 공해가 적고 35개의 레스토랑과 68개의 숍이 있다. 1913년에 역과 함께 개장한 오이스터 바(Bar), 빵과 디저트가 맛있는 Zaro's bakery는 꼭 들러 볼 곳이다.

:: 참조 ::

• 영국 History 채널, 다큐멘터리 〈The men who built America〉 1화 'A New War Begins', 2014

• 그랜드 센트럴 가까이에 미국의 마천루 중 가장 우아한 크라이슬러 빌딩이 있다.

크라이슬러 빌딩은 맨해튼의 아름다움을 담당하고 있다.

06

낙서를 지운 후에 찾아오는 것들

:: 뉴욕 메트로와 루돌프 줄리아니 ::

뉴욕 메트로(Metro)는 여러 번 놀라게 만든다. 뉴욕의 화려한 모습과는 완전히 다른, 낡은 모습에 놀라고 Door to Door로 데려다주는 편리성에 더 놀라게 된다. 범죄의 소굴이었던 뉴욕 메트로가 지저분한 낙서를 지운 후에 뉴욕 전체에 범죄가 사라지고 지금의 모습이 되었다니 놀라움을 넘어 감동이다.

메트로 타고 뉴욕을 구석구석

뉴요커처럼 당당하게 메트로 역 계단을 내려갔다. 지하에서 올라오는 후끈한 기운이 온몸을 감싸고 쉰내가 코를 찌른다. 키를 훌쩍 넘는 철창문이 앞을 턱 가로막아 살벌하고 무섭기까지 하다. 조심히 메트로

뉴욕 메트로는 바쁜 삶 속에서 가장 편리한 교통수단이다.

카드를 리더(Reader)기에 통과시키고 철창문을 밀어 보니 부드럽게 열린다. 메트로 카드가 마법을 푸는 카드 같다.

버스커(Busker)의 노랫소리가 지하 전체에 쩡쩡 울려 퍼진다. 뉴욕 메트로는 버스커 공연이 끊이지 않는 활기찬 삶의 현장이기도 하다. 유니온스퀘어(Union square)역에서 휘트니 휴스턴의 〈I will always love you〉를 애절하게 부르던 흑인 버스커의 노래에 취해 한참 동안 감상한 적도 있다. 메트로 안에서도 무명 예술가의 공연은 끊이지 않는다. 코니아일랜드를 가면서 1시간 넘는 시간 동안 버스커들의 노래나 연주,

뉴욕 메트로는 버스커들의 삶의 현장이다.

청소년들의 봉춤 등을 보느라 지루할 틈이 없었던 기억이 난다.

혼잡한 뉴욕에서 메트로는 가장 편리한 교통수단이며 24시간 쉬지 않고 운행된다. 메트로 카드로 버스도 탈 수 있지만, 거리의 혼잡함과 관계없고 목적지까지 바로 데려다주는 편리성 때문에 메트로만 타게 된다. 메트로 안에서 다양한 피부색을 한 사람들이 거의 무표정으로 초점 없이 앞을 응시하고 있는데, 서로 간에 그 누구도 신경 쓰지 않는 분위기가 생각보다 편안하다.

노선도를 보면 거미줄처럼 얽혀 굉장히 복잡해 보이지만 몇 번 이용하다 보면 금방 익숙해진다. 익스프레스(Express: 급행)와 일반을 잘 구분해 타고, 공사 중이거나 주말이나 밤에는 운행하지 않는 노선도 있으니 주의해야 한다. 메트로 입구는 우리나라에 비하면 훨씬 좁고 작아서 얼핏 보면 눈에 띄지 않는다. 입구는 자신을 기준으로 북쪽으로 가고자 하면 Uptown, 남쪽으로 가려면 Downtown을 확인해야 한다. 출구 번호는 없고 지명을 보고 나오면 된다.

개통한 지 100년(1904년)이 넘어 낡고 어둡다. 여기저기 녹슨 쇠기둥, 선로에 고인 물과 쌓인 먼지로 지저분하고 음침하다. 화려한 빌딩이 즐비한 뉴욕이 맞나 싶지만 20~30년 전 메트로에 비하면 지금은 안전하고 깨끗하게 환골탈태된 모습이란다. 뉴욕이 안전하고 깨끗해진 데는 당시 뉴욕시장(1993~2001), 루돌프 줄리아니(Rudoiph William Louis Giuliani, 애칭 루디Rudy, 1944-)의 강한 소신과 추진력 덕이다.

뉴욕 메트로의 환골탈태

영화 〈택시 드라이버〉(1976)에서 본 뉴욕은 도시 전체가 환락가이고 무법천지처럼 보인다. 실제로 1980년대 뉴욕은 강력범죄가 하루에도 수십 건씩 일어나고 밤에는 무서워서 나다니지도 못했다. 특히 뉴욕 지하철은 온갖 낙서, 무임승차와 성폭행 등 무서운 일들이 일어났고 악취와 쥐들이 들끓는 범죄 소굴이었다. 1986년 자료 영상을 보면 실제 모습이라고는 믿기 어려울 정도로 메트로 안팎에 그라피티(Graffiti)[10]가 어지럽게 그려져 있다. 당시 여행객들 사이에 '뉴욕에 가면 메트로는 절대 타지 말라'는 말이 공공연하게 떠돌았다고 한다.

1994년, 루디는 뉴욕시장에 취임 후 범죄와의 전쟁을 선포했다. 경찰 강력반을 전면에 배치하고 CCTV를 곳곳에 설치하는 등 많은 노력을 했지만 범죄는 줄어들지 않았다. 내놓는 정책마다 실패하자 시민들은 시장 자리에서 물러나라며 거리에서 시위를 하고, 언론은 예산만 낭비하고 있다며 비난했다.

뉴욕시는 사실 루디 시장 취임 전, 1990년부터 지하철의 낙서를 지워왔었다. '깨진 유리창(Broken Window)' 이론을 적용해 '낙서는 지하철 시스템 붕괴의 상징'이라고 여겼다. '깨진 유리창의 이론'은 깨진 유리창처럼 사소한 무질서를 내버려 두면 더 심각한 일로 확대될 수 있다는 이론이다.

루디 시장은 '뉴욕 지하철과 거리 곳곳에 무질서하게 그려진 그라피티를 지우면 범죄가 줄어들 것'이라고 주장하며 전담반을 구성했다. 6,000대에 달하는 열차 안팎의 낙서를 지우고 무임승차, 노상 방뇨 등

10 · 벽이나 교각에 쓴 글씨나 그림.

도 철저하게 단속했고 위반자들은 체포했다. 시민들은 범죄와 낙서가 무슨 상관이 있느냐며 비웃고 수만 명에 달하는 낙서꾼들은 더 극성을 부렸다.

루디 시장의 예상이 점점 적중하기 시작했다. 낙서 지우기 프로젝트 2년 후 뉴욕에서는 중범죄가 50% 줄었고 5년 후에는 75%가 줄어들었다. 뉴욕에서 낙서는 단순히 벽을 더럽히는 사소한 행동이 아니라 범죄와 무질서의 씨앗이었던 것이다. 작은 원인을 제거하고 변화시키자, 세계 최고의 범죄 소굴이었던 뉴욕이 안전하게 바뀌어 갔다. 1990년대 후반부터 중범죄가 줄어들었고 현재는 세계에서 가장 안전한 도시로 평가받고 있다.

루디 시장의 업적을 하나 더 추가해 본다. 2001년 9·11 테러 당시 연기와 먼지로 뒤덮인 사고 현장에 직접 나가 강한 지도력을 발휘했다. 복구 진행 상황과 구조 인명수를 파악하고, 추가 테러에 대비했다. TV에서 시장이 직접 정확한 재난 상황과 위기 대응 정보를 전하며 '뉴욕은 괜찮고 더 나아질 거라'고 믿음을 주고 정상적인 생활로 돌아가자고 시민들에게 호소했다. 뉴욕은 시장과 시민의 노력으로 그런 엄청난 일을 겪고도 놀라울 정도로 빨리 혼란을 극복하고 일상으로 되돌아갔다.

바닥에서 천장까지 지저분한 낙서를 지운 후에 범죄가 사라지고 지금의 모습이 되었다니, 대단한 도전이고 위대한 성공이다. 루디 시장

팬데믹으로 뉴욕 메트로도
한때 적막감이 흘렀다.

의 강한 소신, 추진력과 판단력이 안전하고 평온한 뉴욕을 만들어 낸 것이다.

오랫동안 지속된 상황을 바꿀 때나 예상하지 못한 위기에 부딪혔을 때, 지도자의 역할이 정말 중요하다는 것을 다시 한 번 깨닫는다. 개인의 이익을 떠나 다수를 위해 애쓴다면 효과는 분명히 나타나고 그 공은 오래도록 빛난다.

:: 참조 ::

• MBC 〈익스트림 서프라이즈〉

• EBS 〈다큐프라임〉 '인간의 두 얼굴 제2부 사소한 것의 기적', 뉴욕 지하철 깨진 유리창 이론(https://www.youtube.com/watch?v=CV9Lz4VWA3s)

:: 여행 tip ::

• Metro 카드는 역마다 자동판매기에서 산다. 한글을 지원하고, 1주일과 1달권 무제한 카드가 있으며, 버스 탑승도 가능하다.

07

도서관에서 별걸 다 하네!

:: 뉴욕 공공도서관과 위대한 독자들 ::

뉴욕 공공도서관(New York Public Library)은 외관 부터 남다르다. 하얀 대리석이 내뿜는 청아함과 고고한 품격은 절로 발길을 멈추게 한다. 복합 문화 공간으로 인생에서 가장 행복한 날을 보내고 싶은 곳으로 뽑히기도 하고, 도서관을 통해 꿈을 이룬 사람들도 많다.

뉴욕 공공도서관

무료 도서관을 건립하라

'완벽했다. 빅과 내가 뉴욕의 고전적인 명소에서 결혼하는 것이다. 세상의 모든 멋진 사랑 이야기를 보관하는 곳에서…'

뉴욕공공도서관은 보자르양식으로 양쪽에 사자 두 마리가 지키고 있다.

영화〈섹스 엔 더 시티(Sex and the City)〉에서 캐리는 뉴욕 공공도서관에서 결혼식을 하려고 맘먹는다. 캐리의 아이보리색 웨딩드레스는 대리석으로 된 내부와 은은하게 조화를 이루고, 천장 벽화는 화려한 분위기를 고조시킨다. 캐리는 유감스럽게 도서관에서 결혼식을 못 하지만, 영화를 본 관객들은 도서관의 멋진 매력에 푹 빠져 버린다.

사자 두 마리가 정면에서 도서관을 호위하고 있다. 이름은 애스터(Astor)와 레녹스(Lenox)이고, 도서관의 마스코트이다.

도서관에 들어가기 전에 입구에서 간단한 소지품 검사를 받는다. 1층에는 아기자기한 굿즈(Goods)들이 유혹하는 숍이 있고, 2층에는 도서관 과거의 사진들이 전시되어 있다. 도서관 정면의 창밖으로 쭉 뻗은 뉴욕 거리가 보인다.

3층에 올라서면 아름다운 천장 벽화가 돋보이는 아담한 홀이 있다. 격조 있는 그 공간은 도서관이 폐관된 시간에 파티 장소로 대관되기도 한다. 3층 '로즈 열람실'에 들어가니 입이 떡 벌어진다. 열람실은 축구장만 하고, 근사한 샹들리에 아래 긴 책상에 줄지어 서 있는 청동 스탠드가 장관이다. 사면을 메우고 있는 책들은 궁전이 아니고 도서관이라는 확신을 준다. 도서관의 고품격 분위기에 취해 스탠드 불빛 아래 폼 잡고 앉아 뉴요커 흉내를 내 본다.

뉴욕은 19세기 후반 경제가 급성장하면서 세계적인 도시로 거듭나기 위해 훌륭한 도서관이 필요했다. 뉴욕시 주지사였던 사무엘 존슨 틸덴(Samuel Jones Tilden, 1814~1886)은 240만 달러를 기부했고, '누구나 무료로 이용할 수 있는 도서관을 건립하라'는 유언을 남겼다. 기존에 있던 애스터·레녹스 도서관을 발판 삼아 1911년에 뉴욕 공공도서관이 건립되었다.

철강왕 앤드루 카네기도 '젊은이에게 가장 좋은 선물은 도서관에 있는 책을 마음껏 이용할 수 있도록 하는 것'이라며 1901년, 520만 달러를 기부했다. 덕분에 뉴욕 공공도서관은 미국 최대의 도서관으로 발전하

로즈 열람실에는 청동 스탠드가 반짝반짝 장관이다.

게 되었고, 카네기의 기부를 받은 도서관은 2,500여 개로 늘어났다.

뉴욕 공공도서관은 보자르 양식으로 지어져 있으며 값을 매길 수 없는 5,000만 점이 넘는 희귀한 자료와 도서를 보유하고 있다. 세계 5대 도서관 중의 하나이며 뉴욕시의 예산이 아닌 민간으로부터 지원받아 운영되고 있다. 세계에서 가장 개방적인 도서관으로 도서 목록은 모두 디지털·온라인화되어 있다.

뉴욕 시민분만 아니라 전 세계 모든 외국인도 자료 열람과 정보 수집을 할 수 있고 유학생과 장기 여행자도 주소가 증명되면 도서 대출도 가능하다. 결혼식과 문화행사가 이뤄지는 공간이며 대관료는 도서관 운영의 중요한 재원이다. 뉴욕 공공도서관에서 제공한 정보와 자료를 통해 인생을 성공으로 이끈 몇몇 인물들에 관심이 간다. 그 인물들은 도서관의 위력을 제대로 보여 주고 있다.

뉴욕 공공도서관에서 꿈을 찾고 성공한 독자들

"도서관은 문헌과 자료가 있는 공간 그 이상의 것입니다. 더 큰 세상을 향한 창이며 인류의 역사를 한 걸음 나아가게 하는, 원대한 생각을 언제나 찾아낼 수 있는 곳입니다."

_버락 오바마(Barack Obama, 1961~)

전 미국 대통령, 버락 오바마의 도서관 예찬이다. 오바마는 컬럼비아 대 졸업 후 첫 직장을 뉴욕 공공도서관(미드 맨해튼 분관)에서 찾았다. 도서관 직업정보센터의 사서가 소개해 준 단체에 전부 편지를 보내 합격한 후, 시카고의 지역사회 조직가로 활동을 시작했다. 도서관은 오바마가 미국 대통령이 되는 과정에 징검다리가 되어 준 셈이다.

제록스(Xerox) 복사기를 발명한 체스터 칼슨(Chester Carlson, 1906~1968)도 뉴욕 공공도서관에서 복사기를 발명할 가능성을 찾아냈다. 몇 달 동안 도서관에서 자료를 검색한 후 어느 물리학자 논문에서 파우더와 정전기로 사진을 복사했다는 기록을 보고 복사기를 발명하게 된 것이다.

드윗 월러스(Dewitt Wallace, 1889~1981)는 잡지 창간의 꿈을 갖고 도서관 간행물실에 매일 출근하다시피 하며 신문 잡지를 뒤적거렸다. 1922년, 손바닥 크기의 요약된 기사나 이야깃거리를 담은 잡지인 리더스 다이제스트(Reader's Digest)를 창간했고 큰 성공을 거두었다.

1930년 대공황 때 직업을 잃은 사람들이 도서관에서 공부하고, 경기가 좋아지자 그동안 쌓은 지식을 바탕으로 새로운 일을 찾아 나섰다. 그때 입구의 사자상은 '인내(Patience)'와 '불굴의 정신(Fortitude)'이라는 별명을 얻었다.

특히 2001년 911테러 때에 정신과 상담과 불안할 때 찾아가는 임시

대피소 역할도 했고, 도서관 홈페이지에 게시판이 만들어져 시민들에게 도움이 되었다. 전문 지식을 보유한 사서가 늘 대기 중이며 생활에 필요한 상담을 해 줄 뿐 아니라 이사 온 사람들에게 가이드 역할도 해 준다.

뉴욕 공공도서관의 마스코트 사자에게도
마스크를 씌워 힘든 상황을
빨리 이겨 내자는 희망을 담았다.

영화 〈투모로우〉(2004)에서 지구 온난화로 전 북미 지역이 얼어붙을 때 뉴욕 공공도서관에 대피해 책을 태워 살아남는 장면이 기억난다. 위기 시에 대피 장소가 도서관이라는 것은 그만큼 시민 삶에 가까이 있다는 얘기다. 뉴욕 공공도서관에서는 별걸 다 할 수 있다. 우리나라 도서관도 동네 구석구석까지 들어와 있고 역할도 점점 다양해지고 있다. 권위적이고 형식적이기보다는 많은 주민이 흥미롭게 다가올 수 있는 프로그램들을 마련할 필요가 있다. 도서관에서 공부하고 도서 대출만 하는 게 아니라 지식 충전과 문화생활의 공간이 되었으면 좋겠다. 한 권의 책, 한 번의 어떤 기회로도 미래를 바꿀 수 있으니 말이다.

피아노 소리가 들려서 도서관 뒤편으로 돌아가니 브라이언 파크(Bryant Park)가 있다. 마천루 사이에 들어앉은 뉴요커와 여행자들의 휴식 공간이다. 수시로 각종 문화행사가 열리며 요가, 필라테스 강습도 무료로 이뤄지고 있다. 도서관은 공원이 있어 좋고, 공원은 도서관이 있어서 더 좋고…. 뉴욕 공공도서관과 브라이언 파크는 서로서로 가치를 더욱 높여 주고 있다.

:: 참조 ::

• 뉴욕 공공도서관 홈페이지(https://www.nypl.org/)

• 스가야 아키코, 이진영 역, 『미래를 만드는 도서관』, 지식여행, 2004

• 조쉬 펑크, 마술연필 역, 『도서관에서 길을 잃었어』, 보물창고, 2019

:: 여행 tip ::

• 뉴욕 공공도서관에는 토머슨 제퍼슨의 독립선언문 초고, 조지 워싱턴의 고별사 친필본, 베토벤 친필 악보, 갈릴레오 노트 등이 있으며, 도서, 비디오, 악보, CD, 그림, 지도, 점자책, 마이크로필름 등 도서관 총 장서 수가 5천3백만 점에 이른다.

4부

심오한 철학이 담긴
뉴욕의 대표 한 끼

그곳에선 모두 행복한 돼지가 된다

:: 할랄가이즈와 노란 셔츠를 입은 장인들 ::

할랄가이즈(The Halal Guys) 앞에는 늘 긴 줄이 이어진다. 물가 비싼 뉴욕에서 저렴하고 푸짐하게 한 끼를 책임져 주는 효자 음식이다. 노란 셔츠를 입은 장인들은 오늘도 맛있는 냄새를 풍기며 분주히 움직이고 있다.

할랄가이즈, 기나긴 줄이 맛을 평가한다

'길에서 왜 이래? 여기 뉴욕, 맨해튼 맞아?'

대로변에서 엉덩이를 붙일 수 있는 곳이면 어디나 앉아서 많은 사람이 밥을 먹고 있다. 한여름 햇볕은 뜨겁고 점심시간도 지났는데 할랄가

뉴욕 53번가 힐튼 호텔 앞 할랄 가이즈에는 늘 긴 줄이 있다.

이즈 앞에 늘어선 줄이 여전히 길다. 맛있는 음식을 먹기 위해 긴 줄을 서는 것은 이해하지만 맨해튼 빌딩 숲을 가로지르는 길거리에서 대충 앉아 밥 먹는 모습은 이상하고 놀라운 일이다. 우리나라로 치면 강남 교보타워 주변 길거리에 앉아서 많은 사람이 밥을 먹고 있는 것이다. 허기 진 배는 저절로 할랄가이즈 앞 긴 줄에 합류하게 한다. 콤보 볼(Combo Bowl) 1개를 주문하니 두 사람이 먹어도 될 정도로 양이 많다. 힐튼 호 텔 건너편 분수대 난간에 겨우 자리 잡고 한입 먹는 순간, 긴 줄 서서 기 다렸던 고통이 한순간에 사라진다.

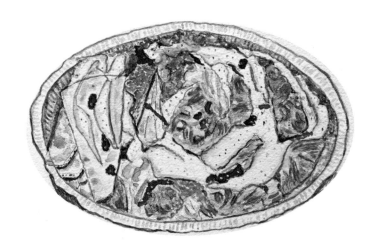

바스마티(Basmati rice)[11] 밥, 난(빵), 닭고기, 소고기, 샐러드가 함께 들어 있고 소스를 부려 먹으니 입에 착 달라붙는 맛이다. 늘 먹는 음식 재료들이 적절하게 잘 섞여 있어서 먹기도 편하고 한 그릇으로 영양이 충분히 섭취될 듯싶다. 이상해 보이던 그 무리와 어느새 하나가 되어 있는 모습에 피식 웃음이 나면서 맨해튼이 내 세상 같다.

할랄가이즈는 뉴욕에서 가장 인기 있는 길거리 음식이다. 밥, 고기, 샐러드와 빵 위에 소스를 부려 먹는 무슬림(Moslem) 음식이며, 현재 세계

11 · 인도산 길쭉하고 폴폴 날리는 쌀.

에 200여 개의 프랜차이즈 가맹점이 있다. 여전히 맨해튼 길거리에서도 쉽게 먹을 수 있으며, 뉴욕 힐튼 호텔 앞의 1호점이 가장 인기가 좋다. 할랄가이즈는 뉴욕의 맛집 검색 앱 '옐프(Yelp)'에서 검색순위 1위이고 미국 전역 검색순위 3위 안에 꼽힌다.

뉴욕은 전 세계에서 길거리 음식이 가장 많고 다양한 곳이다. 이민자들이 만든 국제적 도시인 만큼 수많은 나라의 음식을 맛볼 수 있는 음식 천국이다. 매일 신선한 재료로 각기 자신의 나라를 대표한다는 마음으로 정성껏 요리해 내놓는다. 점심시간이 되면 푸드 트럭, 샐러드 바나 햄버거 가게들의 일손이 무척 바빠지고 햇볕 따뜻한 공원이나 거리의 벤치들은 식당이 되고 카페가 된다.

길거리 음식이라고 하면 보통 위생적이지 않으며 간단한 요기만 할 수 있다고 생각하지만, 뉴욕은 다르다. 1920년대부터 노점상 허가증을 발급하기 시작했고, 레스토랑과 함께 노점상도 매우 엄격한 뉴욕시 보건 및 정신 위생국(Department of Health & Mental Hygiene)의 검사를 받는다.

온갖 맛있는 음식이 다 있는 뉴욕에서 할랄가이즈를 길거리 음식의 최강자로 만든 장본인이 누구일까? 맨해튼의 번화한 대로변에서 그 주인공인 노란 후드 티셔츠를 입은 장인들을 쉽게 만날 수 있다.

길거리 음식 천국의 제왕, 할랄가이즈의 장인정신

2평 정도 되는 푸드 트럭에 고기, 야채, 밥이 수북이 쌓여 있다. 노란 후드티를 입은 5명의 남성이 각자 분업해서 분주히 움직인다. 주문한 지 1분 만에 따끈한 할랄가이즈가 들어 있는 노란 봉투가 손에 쥐어진다.

1990년, 무슬림 모하메드 아부엘레네인(Mohammed Abouelenein)은 친구 2명과 함께 푸드 트럭(Food Truck)에서 핫도그를 팔기 시작했다. 핫도그가 한 끼 식사로는 부족하다는 것을 깨닫고 할랄가이즈도 만들어 팔았다. 싸고 배부르게 빨리 먹을 수 있는 할랄가이즈는 당시 대부분 무슬림이었던 뉴욕의 택시 기사들 사이에 빠르게 입소문이 퍼졌다. 푸짐하고 깔끔한 맛으로 슈트를 잘 빼입은 사회 각층의 뉴요커와 여행자들의 입맛까지도 사로잡아 버린다. 결국 뉴욕 길거리 음식의 대세였던 핫도그 자리도 빼앗고 '길거리 음식의 제왕'이란 별명까지 얻는다.

'안 먹어 본 사람은 있어도 한 번만 먹어 본 사람은 없다.'라는 말을 많이 하는데 할랄가이즈도 딱 그렇다. 한 번만 먹어 보면 폭발적인 인기를 끈 이유를 금방 알 수 있다. 신선한 재료로 요리해서 푸짐하게 주고, 중동과 지중해의 풍미가 조화롭게 어우러져 세계인 누구나 만족할 만한 맛이다.

다양한 소스도 인기에 한몫한다. 주요 소스는 고소한 화이트소스와 매콤한 핫소스이다. 화이트소스는 마법의 소스라 불리며 기본은 마요

네즈이고 그 외에 들어간 양념은 그들 외에는 알지 못한다. 빨간색 핫소스는 굉장히 매워서 조금만 뿌려야 하지만 느끼한 맛을 잡아 주어 김치 없이 밥을 먹지 못하는 한국인들에게도 딱 좋다. 배우 정해인은 〈걸어서 보고서〉(KBS2TV)에서 할랄가이즈를 먹으며 '영혼이 번쩍 뜨이는 맛'이라고 말했다.

'할랄(Halal)'은 아랍어로 '허용된 것'을 의미하며, 이슬람 율법상 모슬렘이 먹고 사용할 수 있도록 허용된 식품·의약품·화장품 등에 붙는 인증이다. 할랄 푸드의 식재료가 되려면 3무(無)를 충족해야 한다. 독이 없고, 정신을 혼미하게 하지 않아야 하며, 위험하지 않아야 한다. 채소·과일·곡류·해산물은 제한이 없고, 고기는 이슬람식 방식(단칼에 정맥을 끊는 방식)으로 도축한 양·소·닭고기만 할랄 푸드로 인정된다.

할랄 푸드는 웰빙 식품으로 인기가 좋아 시장이 점점 커지고 있다. 할랄가이즈는 아메리칸 할랄 푸드 업계의 선구자이다. 우리나라에는 2016년 12월 이태원에 할랄가이즈 첫 매장이 생겼고 강남역, 홍대에도 오픈해 성업 중이다. 미국에서 공수해 온 할랄 인증을 받은 재료로 요리한다. 맛있는 것이 넘쳐나는 뉴욕에서 할랄가이즈의 인기는 사그라지지 않는다. 뉴욕포스트(New York Post)에서도 '뉴욕에서 가장 유명한 스트릿 푸드'라고 인정했다.

할랄가이즈가 꾸준한 인기를 누리는 것은 '초심을 잃지 않는 마음' 덕

할랄가이즈 음식 장인들은
바빠도 항상 밝은 표정이다.

분이다. 시작한 지 30년이 다 되어 가고, 성공했음에도 늘 원래의 맛과 양을 유지하려는 장인정신이 세계인의 입맛에 만족을 주고 있다.

택시 운전사에게 싸고 맛있게 배불리 먹을 수 있는 음식을 대접하려는 따뜻한 마음이 할랄가이즈 한 그릇에 여전히 담겨 있다. 유학생들도 배가 많이 고플 때 할랄가이즈 한 그릇으로 그동안 곯았던 배를 채운다고 한다.

"어떻게 뉴욕 한복판 좋은 위치에서 푸드 트럭을 할 수 있나요? 매달 세금을 내세요?"

"우린 오래전에 이 일을 시작했고 맨해튼 5개 푸드 트럭의 자릿값으로 뉴욕시에 일정 금액을 지급했어요."

잠시 한가한 틈을 타서 할랄가이즈 1호점 관계자에게 직접 물으니 친절히 답해 주고 사진도 함께 찍어 준다. 푸드 트럭 하나로 시작해 승승장구하고 있는데 오랜 기간 맨해튼 노른자 땅에서 여전히 운영하고 있는 게 신기하고 궁금해서 꼭 물어보고 싶던 말이다. 할랄가이즈는 이제 하나의 기업을 넘어서 미국 뉴욕의 중요한 문화 요소이다.

겨울에는 길거리 대신 근처 록펠러센터 푸드 코트에서 먹을 수 있다고 하니, 할랄가이즈의 인기는 뉴요커들이 함께 만들어 낸 것 같다. 앱으로 주문하면 기다리지 않고 픽업할 수 있다. 세계 어디에서 먹더라도 할랄가이즈 한 그릇에 초심을 잃지 않는 사랑이 담겨 있기를 바란다.

:: 참조 ::

- 할랄가이즈 홈페이지
- 톰 바덴베라게 & 재클린 구슨스 & 루크 시스, 유연숙 역, 『뉴욕의 스트리트 푸드』, 도도, 2015

02

햄버거 하나라도 고급 레스토랑에서

:: 쉐이크쉑 버거와 대니 메이어 ::

여행 중에 공원을 만나면 늘 반갑다. 공원에 맛있는 먹거리가 있다면 금상첨화이다. 행복한 웃음소리와 맛있는 냄새 따라 가보니 편안한 공원과 맛있는 쉐이크쉑(Shake Shack) 버거가 있다.

Shake Shack, 맛 좋고, 분위기 좋고

공원의 평온한 분위기가 발길을 멈추게 한다. 줄줄이 불을 밝힌 작은 등이 유난히 예쁘다. 뉴욕에서는 줄 서는 일이 많다. 매디슨 스퀘어 파크(Medison Square Park)에 위치한 쉐이크쉑 1호점에도 늘 긴 줄이 늘어서 있다.

맛있는 냄새와 시장기는 저절로 긴 줄 뒤에 합류하게 한다. 오리지널 쉑버거와 프렌치프라이를 주문하니 5분 만에 나온다. 소고기 패티, 상추와 토마토에 쉑 소스가 뿌려진 단순한 치즈버거이다. 한입 베어 무니 눈이 번쩍 뜨인다. 두꺼운 패티의 고소한 육즙이 입안에 천천히 퍼지고 아삭한 야채가 사각사각 씹힌다. 패티는 매일매일 배송된, 냉동하지 않은 소고기의 가슴살, 등심과 갈비(Short Rib)를 갈아서 만든다고 한다. 밀크셰이크도 느끼하지 않고 햄버거와 잘 어울린다.

공원에 앉아 햄버거를 먹는 일이 이렇게 좋을 줄이야. 맛이 좋은 건 물론이고, 춥지도 덥지 않은 시골 마당에 앉아 있는 것처럼 아늑하고 편하다. 삼삼오오 모여 도란도란 얘기하는 소리가 유난히 정겹게 들리고 공원 한편 숲에서 날아온 풋풋한 향이 코끝을 스쳐 간다.

메디슨 스퀘어 파크에 쉐이크쉑 1호점이 있으며 늘 긴 줄이 이어진다.

'Shake Shack'은 밀크셰이크의 'Shake'와 '판잣집'이라는 뜻의 'Shack'이 합쳐진 말이다. '판잣집(Shack)'은 고객을 집에 초대한 손님처럼 테이블을 마련해 대접하겠다는 것이다. 매디슨 스퀘어 파크의 1호 매장도 숲속에 있는 아담하고 귀여운 판잣집이다.

햄버거는 간편해서 바쁠 때나 이동 중에 먹을 수 있어 편리하다. 이동이 많은 유목민, 몽골인이 말안장 밑에 고기를 넣고 다니다 부드러워지면 간편하게 끼니를 대신한 데서 유래한다. 이러한 고기는 러시아와 독일 함부르크를 거쳐 미국으로 건너와 '함부르크 스테이크'가 되었다.

미국의 햄버거는 1904년 세인트루이스에서 열린 박람회장에서 요리사가 손님들의 음식 재촉을 견디다 못해 번스(Buns: 둥근 빵)에 일반 고기 대신에 '함부르크 스테이크'를 끼워 만든 요리를 팔면서 시작되었다. 햄버거는 패스트푸드이며 건강에 좋지 않다고들 말하지만, 종류도 무척 많고 꾸준히 인기가 있다. 언젠가부터 좋은 고기로 만든 패티에 야채를 듬뿍 넣은 수제버거가 인기를 끌고 있다.

대니 메이어(Danny Meyer, 1958~)가 이끄는 미국 프리미엄 버거, 쉐이크쉑이 고급 수제버거의 열풍을 몰고 왔다. 쉐이크쉑은 빨리 간편하게 먹던 햄버거를 천천히 여유 있게 즐기며 먹는 문화로 바꾸어 놓고 있다. 세계의 햄버거를 평정하고 있으며 한국에도 매장이 점점 늘고 있다.

대니 메이어의 성공 비결은 '환대(Hospitality)'

쉐이크쉑은 2001년 매디슨 스퀘어 파크의 복구를 위한 공공 예술 프로젝트 덕분에 탄생했다. 당시 프로젝트는 위험하고 스산해 시민들의 발길이 뜸한 공원을 개선하기 위해 시행되었다. 대니 메이어는 공원 근처에서 레스토랑을 운영하고 있었고, 프로젝트 기금 마련에 함께 참여했다. 레스토랑 직원들을 데리고 나와 9가지 토핑이 있는 고급 시카고식 핫도그와 음료, 쿠키를 팔았는데, 그 핫도그를 사 먹으려는 줄이 매일매일 이어졌다.

> "직원들에게 단골손님들의 얼굴을 익히고 토핑이 9가지 중 그들이 평소에 주문하는 것을 기억하게 했다. 자신을 알아봐 주기 바라는 고객들을 만족하게 하려고 노력했다. 단돈 2.5달러짜리 핫도그를 사 먹는 손님들이라 해도 고급 레스토랑의 단골손님들에게 하는 것과 마찬가지로 정성껏 접대했다."
>
> _대니 메이어, 『세팅 더 테이블(Setting the Table)』

대니 메이어는 공원 카트의 인기에 힘입어 2004년 매디슨 스퀘어 파크에 쉐이크쉑 정식 판매장을 냈다. 핫도그 외에 한 끼 식사가 될 수 있는 햄버거와 밀크셰이크 등도 메뉴에 추가했다. 햄버거를 먹는 손님들에게 '레스토랑 웨이터가 직접 요리해 주고, 전에 먹은 소스를 기억해 주는 마인드'로 접대했다.

대니 메이어는 어릴 적부터 여행 사업을 한 아버지 덕분에 여행하며 맛 좋은 식당을 자주 다녔고 요리와 음식 맛에 관심이 많았다. 대학 졸업 후 성공적으로 직장 생활을 잘하다가 '좋아하는 일'을 하겠다고 20대에 직장을 그만두었다. 어릴 적부터 꿈꿔 왔던 요리와 레스토랑을 운영하기 위해 식당 주방보조부터 시작했고, 이탈리아와 프랑스 등 유럽의 맛집을 100일 동안 순회했다.

27세(1985년)에 뉴욕 매디슨 스퀘어 파크 근처 유니언스퀘어 카페(Union Square Cafe)에서 첫 사업을 시작했다. 현재 뉴욕에 다수의 인기 레스토랑과 쉐이크쉑 매장을 운영하고 있다.

"이곳에 오면 마치 집에 온 것 같아요."

"내가 어릴 때는 쉐이크쉑에서 먹는 햄버거가 최고였단다."

"레스토랑이 멋지고 음식이 환상적이에요. 하지만 무엇보다 직원들이 정말 훌륭합니다."

쉐이크쉑 창업자 대니 메이어가 레스토랑을 운영하면서 가장 듣고 싶은 말들이다. 맨 처음 오픈한 유니언스퀘어 카페에 가 보면 벽에 그림들이 잔뜩 걸려 있고 2층으로 올라가는 계단은 꽃으로 장식되어 정말로 편안한 집 같다. 간단한 햄버거부터 고급 양고기 요리까지 다 먹을 수 있는 파인 캐주얼(Fine Casual) 식당이다.

쉐이크쉑 회사 USHG(Union Square Hospitality Group)의 기업이념은 '환대(Hospitality)'이다. 회사의 이름에 'Hospitality'가 들어 있을 정도로 '환대'를 중요시한다. 직원이 최우선이고 손님, 지역사회, 납품업자, 투자자 순으로 환대한다. 우리가 보통 알고 있는 '손님은 왕이다.'라는 상식을 뛰어넘는다. 직원이 신명 나게 일할 수 있는 환경을 만들어 주어야 손님들에게 최상의 서비스와 요리를 대접할 수 있다는 것이다.

"유니언스퀘어 카페는 팁이 없으며 음식 값에 포함되어 있다

(Union Square Cafe is Non-Tipping Restaurant. Hospitality Included)."

유니언스퀘어 카페의 메뉴판에 있는 문구이다. 직원은 '팁 대신에 회사가 레스토랑 이익금에서 따로 직원들에게 분배해 준다.'고 귀띔

해 준다. 이는 대니 메이어의 환대 포
함(Hospitality Included) 정책이라고
한다. 뉴욕의 고급스러운 레스토랑
에서 팁을 안 줘도 된다니…. 정말이
지 엄청난 환대를 받은 느낌이다.

　쉐이크쉑은 인 앤 아웃 버거(In-N-Out Burger)와 파이브 가이즈
(Fiveguys)와 함께 미국의 3대 햄버거이다. 우리나라에 쉐이크쉑 버거
매장은 2016년 7월 22일 강남 1호점을 시작으로 계속 늘어나고 있다.
강남점은 문을 연 후 미국을 제치고 햄버거 판매량 세계 1위를 경신하
기도 했다. 햄버거의 본국, 미국의 판매량을 넘어서다니 대단하다. 7월
에 문을 열었을 때 무더위가 걱정된 회사 측은 기다리는 손님들에게 햇
빛 가릴 우산, 부채나 아이스 팩을 나눠 주고 간호사를 대기시켰다고 한
다. 강남점에 가 보면 지금도 우산이 비치되어 있다.

　대니 메이어는 성공 가도를 달리던 직장 생활도 청산하고 좋아하는
일을 선택했다. 대니 메이어의 성공 비결은 따뜻한 환대와 성공한 이후
에도 변하지 않는 일관된 사업 철학이다. 햄버거를 정성스럽게 만들고
하나를 먹더라도 좋은 레스토랑에서 대접받으며 먹을 수 있게 한다는
것이다. 요즘 우리나라도 셰프를 꿈꾸는 젊은이들이 많다. 맛집으로 유

명한 집에 가 보면 늘 한결같은 맛을 유지하는 게 핵심이다. 눈앞에 보이는 작은 이익을 위해 재료의 질과 양을 변화시키는 것보다는 처음에 가진 소신과 각오를 그대로 유지하는 게 성공의 지름길임을 명심하면 좋겠다.

:: 참조 ::

- 대니 메이어, 노혜숙 역, 『세팅 더 테이블 (Setting the Table)』, 해냄, 2007

다리미 모양을 한 플랫 아이언 빌딩이다.

:: 여행 tip ::

- 매디슨 스퀘어 파크에 가면 상업용 오피스 타워인 플랫아이언(Flat Iron) 빌딩 보는 일을 놓쳐선 안 된다. 맨해튼의 매디슨 스퀘어 파크 지역의 비좁은 삼각형 부지에 자리 잡고 있어서 다리미 모양을 하고 있으며, 뉴욕의 마천루 중에 가장 오래된 건물 중의 하나이다.
* 유튜브에 뉴욕 그리는 모습과 스토리가 공개되고 있다.

  https://youtu.be/MkKfjZwaPSQ

03

미슐랭 스타 셰프를 만나다

:: 누가틴 앳 장조지와 장 조지 ::

'보기 좋은 떡이 먹기도 좋다.' 셰프 장 조지(Jean George Vongerichten)의 요리는 작품이고, 맛은 예술이다. 좋아하는 일에 열정과 세심한 정성을 담아 뉴요커와 세계의 입맛에 감동을 선사하고 있다. 매장에서 만난 셰프 장 조지의 친절하고 깔끔한 모습에서 성공의 비결이 엿보인다.

누가틴 앳 장조지

셰프 장 조지의 손맛을 느끼다

참치 타르트(Tuna Tart) 위에 슬라이스 래디시 꽃이 피어 있다. 꽃을 흐트러트리고 먹기에 아까울 정도로 깜찍하고 예쁘다. 애피타이저인데

메인디쉬 연어요리는 호박 소스로 동양적인 맛이 난다.

보기보다 양도 많고 입에 살살 녹는다. 메인디쉬, 연어(Seared Salmon)는 특유의 비린내나 퍽퍽함도 없고 느끼하지 않다. 위에 얹은 바삭한 고명은 연어의 풍미를 더해 주고 호박을 갈아서 만든 소스에선 동양의 맛이 느껴진다.

따뜻한 초콜릿 케이크는 셰프 장 조지의 디저트 대표 메뉴이며 모든 요리의 화룡점정(畵龍點睛)이라 말하고 싶다. 케이크를 한 스푼 떴을 때 따뜻한 초콜릿이 용암처럼 흘러나온다. '몰튼 라바 케이크(Molten Lava Cake)'라고 하며 '라바'는 용암이란 뜻이다. 아이스크림과 함께 먹으니 초콜릿과 바닐라 맛, 따뜻함과 차가운 느낌이 혀끝에서 조화를 이루며 달콤하게 넘어간다.

누가틴 앳 장조지(Nougatine at Jean George)의 세트메뉴(Lunch Prix Fixe, 38$)인데 가격도 부담스럽지 않고 맛이 훌륭하다. 미슐랭[12] 2스타 레스토랑 '장조지'와 부엌을 같이 사용하는 캐주얼 식당이다.

레스토랑 '장조지'는 뉴욕 콜럼버스 서클(Columbus Circle) 트럼프 인

---

12 • 미슐랭 스타는 프랑스 타이어 회사 미쉐린이 출판하는 『미쉐린 가이드(Michelin Guide)』에서 평가하는 레스토랑 등급이다. 별 1, 2, 3개로 올라갈수록 좋은 평가이며 그 아래로 빕 구르망(Bib Gourmand)이나 더 플레이트(The Plate)가 있다. 별 1개는 '요리가 특별히 훌륭한 식당', 2개는 '요리를 맛보기 위해 찾아갈 만한 식당', 3개는 '요리를 맛보기 위해 여행을 떠나도 아깝지 않을 식당'이다.

터내셔널 호텔 & 타워(Trump International Hotel & Tower) 1층에 있다. 10년 전부터 미슐랭 3스타였고 2017년부터 2스타이다.

식사하는 동안 웨이터와 매니저가 '음식 맛은 어떤지, 더 필요한 것은 없는지' 친절하게 계속 신경을 써 준다. 별 기대 없이 셰프 장 조지는 레스토랑에 자주 나오는지 물으니, 현재 레스토랑에 근무 중이며 만날 수 있다고 한다. 세계 여러 나라에 운영하는 레스토랑도 많고 업무상 여행도 많이 한다고 알고 있는데 만날 수 있다니 웬 횡재인가 싶다.

식사가 끝난 후 매니저가 주방 쪽으로 정중히 안내해준다. 오픈된 주방에 많은 셰프들이 분주하게 움직이고 있고, 주방 앞에 셰프 장 조지가 기다리고 있다. 사진과 동영상에서 많이 봐서인지 전부터 알던 사람처

럼 반갑고 친숙하게 느껴진다.

좋아하는 일을 하면 모두 성공?

"반갑습니다. 저희 레스토랑에 처음 오셨어요?"

"전에도 몇 번 온 적 있어요. 음식 맛이 아주 좋아요. 주방이 넓고 셰프도 아주 많네요."

"네, 한국인 셰프도 있습니다. 이 안쪽 룸은 미슐랭 2스타 레스토랑 '장조지'예요. 다음에는 레스토랑에서 식사해 보세요."

"네, 그럴게요. 다큐멘터리 〈김치 크로니클〉에서 셰프님의 서양과 동양을 믹스한 퓨전 요리는 환상적이에요. 처음으로 연 레스토랑이 어디인가요?"

"레스토랑 '조조(JoJo)'예요. 어퍼이스트사이드(UpperEastSide)에 있고, JoJo는 어릴 때 내 별명이었어요."

"거기에도 한번 가 보고 싶네요."

하얀 유니폼과 앞치마를 깔끔하게 입은 셰프 장 조지는 큰 눈에 웃음을 가득 담고 반갑게 맞아준다. 바쁜 와중에도 오픈 주방과 레스토랑 '장조지'까지 직접 보여 주며 내부가 밝게 잘 보이도록 블라인드도 걷게 한다. 한국인 셰프 2명도 불러 소개해 주고, 주방을 배경으로 함께 사진을 찍으며 멋진 포즈도 취해 준다.

장 조지 레스토랑에서는 예술을 맛볼 수 있다.

셰프 장 조지는 프랑스 남부 알자스 출신이며 어릴 적 부모님과 미슐랭 스타 레스토랑에 자주 다녔다. 16살 생일에 간 미슐랭 3스타 레스토랑 오베르주 드 릴(Auberge de L'ill)에서 맛의 새로운 세계를 경험하고 요리에 관심을 두기 시작했다. 아버지는 장 조지가 엔지니어 되길 원했지만, 아들이 좋아하는 일을 하게 하려고 식사한 지 2달 후 그 레스토랑에 데려가 일을 배우게 했다.

장 조지는 접시닦이부터 시작해 프렌치 셰프(French Chef) 루이 오티에르(Louis Outhier)에게 요리를 배웠다. 셰프 루이를 도와 방콕, 싱가포르, 홍콩에서 10개의 레스토랑을 오픈하며 다양한 경력을 쌓았다. 아시아의 식재료에 매력을 느꼈고 프랑스와 아시아 요리를 결합한 퓨전 요리를 연구하고 만들어 세계인의 입맛을 사로잡았다.

1997년 시작한 프랑스 퓨전 레스토랑 '장조지'는 장 조지를 성공 가도에 올려놓았다. 현재 뉴욕, 파리, 런던, 상하이 등 세계적으로 다수의 레스토랑을 운영하고 있다.

셰프 장 조지에 더 많은 관심을 갖게 된 계기는 유튜브(YouTube)를 통해, 미국 공영방송 PBS 다큐멘터리 〈김치 연대기(Kimchi Chronicles)〉를 보고 난 후부터이다. 〈김치 연대기〉는 장 조지가 한국인 부인 마르자(Marja)와 함께 한국 명소를 다니며 한국 문화와 음식을 소개하고 미국에 돌아가 그들의 주방에서 한국 식재료로 요리하는 프로그램이다.

'두부에 견과류, 레몬즙, 꿀과 소금을 넣고 블렌더에 갈아 반을 잘라 속을 파낸 오렌지 껍질에 예쁘게 담아 디저트를 만든다. 마요네즈에 잘게 썬 김치를 넣고 고춧가루와 김칫국물을 넣어 김치 타르타르를 만들고, 된장에 막걸리, 간장, 참기름 양파로 소스를 만들어 생선에 뿌려서 그릴에 굽는다.'

다큐멘터리 〈김치 연대기〉에서 장 조지가 보여 준 요리이다. 장 조지는 된장, 고춧가루, 두부, 심지어 막걸리 등을 활용해서 기발한 동·서양 퓨전 요리를 만들고 부인 마르자는 한국 전통 요리를 만든다. 흔한 재료로 쉽게 만드는 것 같은데 본 적도 없는 특별한 요리를 탄생시킨다. 한국의 식재료로 요리하는 장 조지의 모습은 '요리의 신'처럼 보인다.

장 조지는 한식을 마르자와 결혼(2004년) 후에 처음 접했고, 요즘은 한국 음식을 아주 좋아한다고 한다. 중국 상하이에 위치한 '치큐(CHI-Q)'라는 셰프 장 조지의 식당 이름의 '치'는 김치의 '치'에서 가져왔을 정도로 김치 사랑이 특별하다. 머지않아 한국에서도 그의 요리를 만날 수 있지 않을까 기대해 본다.

코로나19 상황에서 셰프 장 조지는 어떨까 궁금했다. 반갑게도 올해(2021년) 4월 잡지 『Haute Living』에서 장 조지의 근황을 알게 되었다. 팬데믹으로 힘든 점도 있었지만, 넷플릭스(Netflix)에서 영화도 보며 조

용히 정리하고 새로운 준비하는 시간
을 가졌다고 한다.

중국에 있는 레스토랑 3곳을 폐업
하고, 2020년에 모로코에 2개의 레
스토랑을 오픈했다. 더 기대되고 놀
라운 일은 뉴욕 로어 맨해튼 사우스
스트리트 항구(South Street Seaport)

분주한 주방 앞에서 셰프 장 조지, 한국
셰프와 함께 사진 찍는 호사를 누려 본다.

에 원래 어시장(Fish Market)이었던 건물을 리뉴얼해서 '틴 빌딩(Tin
Building)'이라는 커다란 푸드몰(Food Mall)을 준비하고 있다는 점이다.
세계 최고의 셰프 중 한 명이고, 가장 성공적인 레스토랑 경영자인 장
조지는 이 어려운 상황에서 여전히 강한 저력을 보여 주고 있다.

좋아하는 일을 직업으로 삼으면 모두 성공할까? 장 조지의 성공은 좋
아하는 일을 빨리 알아차리고 부모가 지원해 준 때부터 시작된다. 좋아
하는 일을 하며 천재성을 발휘하고, 모든 일에 철저히 임하는 세심함과
성실함이 성공의 열쇠이다.

장 조지는 흰 유니폼을 입은 모습, 깔끔하고 친절한 레스토랑과 예쁘
고 맛있는 요리에서 엉성한 모습이 전혀 보이지 않았다. 세계적으로 명
성을 얻은 레스토랑 재벌인데도 별다른 일 없으면 매일 출근한다고 한

다. 한국인 고객에게도 친절하고 따뜻하게 대하는 장 조지의 태도에서 성공의 비결이 느껴진다.

:: 참조 ::

• 미국 공영방송 PBS 다큐멘터리 〈김치 연대기(Kimchi Chronicles)〉, 2011

• 잡지 『Haute Living』, 2021년 4월호

04

피자에 인생을 건 사람들

:: 줄리아나 & 그리말디 피자와 피자 장인들 ::

'피자를 어디 가서 먹을까?' 뉴욕 브루클린 피자 맛집, 줄리아나(Juliana's)와 그리말디(Grimaldi's)는 나란히 이웃해 있어 행복한 고민을 하게 한다. 하나 하나 빚는 손맛과 전통 벽돌 화덕이 만나 탄생한 이 태리 고유의 피자는 매일 긴 줄을 서게 만든다.

줄리아나·그리말디 피자

피자, 너의 고향은 어디니?

배꼽시계가 울린다. 브루클린 브리지 밑에서 일몰을 보며 황홀한 시간을 보내는 중에 시장기가 찾아온다. 날이 어두워져 한산해진 브루클린 거리에 환한 불빛 아래 긴 대열이 보인다. 브루클린 덤보(DUMBO)

피자 맛집 '그리말디'와 '줄리아나'에서 각각 시작된 두 개의 줄이다.

맛있는 피자집이 두 곳이라니, 여행자에게는 신나는 일이다. 대기 줄이 비교적 짧은 줄리아나 줄에 합류한다. 피자를 주문하고 기다리는 동안 개방된 부엌에서 피자를 만드는 장인들의 모습을 지켜볼 수 있다. 굉장히 밝은 표정으로 직접 도우(Dough)를 반죽하고, 정성껏 토핑하는 모습이 보기 좋다. 웃음 바이러스를 듬뿍 담은 피자가 벽돌 화덕에서 노릇노릇하게 구워지며 풍기는 고소한 냄새는 시장기와 침샘을 톡톡 자극한다.

마르게리타(Margherita) 피자 스몰(Small) 사이즈는 2명이 먹기에는 상당히 크다. 치즈, 토마토, 바질이 토핑되어 있고 도우가 너무 얇지 않고 적당해서 바삭하다. 생치즈라 고소하고 짜지 않으며 토핑을 더 추가할 수 있지만 기본으로도 맛이 좋다. 비치된 굵은 고춧가루를 뿌려 주니 매콤해져서 우리 입맛에 딱 맞다. 왜 매일매일 긴 줄이 이어지는지 피자를 한 입만 베어 물면 단번에 알 수 있다. 토마토 넣은 것과 넣지 않은 화이트 피자로 반반 주문이 가능하다.

피자는 18세기 이탈리아 나폴리 도시 빈민들이 주로 먹던 주식이었다. 차츰 귀족층에서도 피자를 즐겨 먹었고, 마르게리타 피자는 1889년 통일 이탈리아 2대 국왕의 아내 마르게리타 여왕이 즐겨 먹은 피자에서 비롯된다.

벽돌로 만든 석탄 화덕에서 피자가 구워지고 있다.

미국에 피자가 전해진 것은 1800년대 후반 이탈리아 이민자들에 의해서다. 빵집이나 식료품점에서 피자도 만들어 팔았는데, 1905년에 이탈리아 나폴리 이민자 젠나로 롬바르디(Gennaro Rombardi)가 뉴욕 최초로 피자집을 열었다. 피자는 조국과 고향을 그리워하는, 이탈리아에서 온 이민자들에게 인기를 끌었고 2차 세계 대전 후 이탈리아에 파병되었던 미군들에 의해 미국 전역으로 퍼졌다. 세계 각지의 미군이 주둔하는 곳에 피자도 함께 갔고, 한국에도 미군 부대에 처음으로 등장했다.

바쁠 때 빨리 맛있게 먹을 수 있는 피자는 미국인들에게 많은 사랑을 받으며 미국의 삶과 상황에 맞도록 맛도 모양도 변화되어 왔다. 프랜차이즈나 냉동 피자의 등장으로 피자는 점차 대중화되고, 배달 체제의 발

달로 미국 음식으로 자리 잡으며 세계로 퍼져 나간 것이다.

이탈리아에서 태어난 피자는 이렇게 미국에 의해 세계적으로 퍼져나가 사랑받는 음식이 되었다. 요즘은 우리나라에 피자 종류도 많고 대중화되었지만, 한때 피자집에서 외식하는 일이 가장 큰 즐거움인 때도 있었다.

피자 맛이 어떻기에 이 난리?

뉴욕의 최초 피자 장인, 롬바르디에게 피자 굽는 법을 배운 제자들이 각자 뉴욕에서 피자집을 열었다. '줄리아나'와 '그리말디' 피자도 롬바르디로부터 전수된 피자이다. 브루클린에 나란히 위치한 두 피자집 사이에는 복잡하게 얽혀 있는 사연이 있다.

패치 그리말디(Pasty Grimaldi: 현재 줄리아나 운영)는 롬바르디에게 피자를 배워 피자집을 연 삼촌 밑에서 일하다 1990년 브루클린에 '패치 피자리아'를 열었다. 그 후 삼촌이 패치 피자리아를 파는 바람에 '패치'를 더는 사용할 수 없어서 1996년 피자집 이름을 '그리말디 피자'로 바꿨다.

그리말디는 그리말디 피자가 어느 정도 성공을 거두자 1998년 프랭크 치올리(Franke Ciolli)에게 '그리말디' 상표권과 피자집을 팔아 버리고 맛을 유지할 수 있도록 자문 역할만 맡았다.

장사 수완이 좋은 치올리는 그리말디를 최고의 피자로 키우며 프랜차이즈 회사로 확장해 나갔다. 그리말디 피자는『자갓 서베이(Zakat Survey)』(미국 레스토랑 가이드북)에 뉴욕 최고의 피자리아(1996~2002)로 선정되었고 뉴욕의 3대 피자(롬바르디스, 존스, 그리말디)로 인정받았다.

헐값에 팔아 버린 패치 그리말디는 그리말디 피자집을 아까워했고, 결국 그리말디 피자 소유주 치올리 사이에 불화가 일어났다. 하지만 정식으로 팔았으니 되가져올 수는 없는 일이었고, 그리말디 피자의 인기는 식지 않았다.

치올리가 운영하는 그리말디 피자는 건물주와 또 다른 분쟁(2012년)을 겪었고 바로 옆 궁전 같은 하얀 건물로 이사를 했다.

그런데 그리말디 주인 치올리가 노발대발 할 일이 또 발생했다. 건물주의 권유로 그리말디 피자의 원조 장인 패치 그리말디가 그리말디 피자가 나간 자리에 피자집을 연 것이다. 치올리는 임대계약 위반, 불법 간섭 등등 소송을 걸고 노발대발하지만 패치 그리말디는 승소를 했다.

이름도 성도 다 넘겨 버려서 '패치'도 '그리말디'도 사용하지 못하자, 그리말디는 그의 어머니 이름 '줄리아나(Juliana's)'라는 간판을 내걸었다. 그리말디의 주인이 원래 가게로 돌아왔지만, 본인 이름은 옆 피자집에 걸려 있는 셈이다. 현재 나란히 위치한 두 개의 피자집 화덕에는 피자가 끊임없이 구워지고 있으며 대기하는 줄도 늘 두 개다.

하얗고 궁전처럼 근사한 건물로 옮긴 그리말디 피자집에도 가 보았다. 출입문 옆에 바로 오픈된 주방에서 피자 장인들이 행복한 표정으로 피자를 만들고 있다. 사진을 얼마든지 찍게 하며 심지어 포즈를 취해 주기도 한다. 석탄 화덕에 피자를 끊임없이 넣고 꺼내는데, 그 속도가 얼마나 빠른지 카메라 셔터를 누르기 전에 사라졌다. 피자 맛은 줄리아나 피자와 비슷하다.

두 피자집의 분쟁은 피자 맛이 좋고 워낙 찾는 이가 많아 발생한 일이다. 줄리아나와 그리말디 피자집 앞에서 '어느 집이 원조일까?' 고민하는 사람도 있을 테지만 '원조' 자체는 중요하지 않다. 이탈리아에서 미국으로 넘어와 100여 년 동안 석탄 화덕에서 구워진, 변하지 않는 피자 '맛'이면 된다.

다양한 피자 홍수 속에서 롬바르디에서 출발한 장인정신이 깃든 이탈리아식 피자를 먹을 수 있다는 점이 귀하고 소중하다. 피자를 먹기 위해 대기하는 사람이 많은데도 최고의 피자 맛을 위해 전부 손으로 만들고 벽돌 화덕에 구워 주는 장인정신에 박수를 보낸다.

피자는 세계 어디를 가든 싸고 간편하고, 맛에 대해 실패하지 않을 최고의 음식이다. 100년 넘도록 대를 이어 하나의 맛을 유지한다는 게 쉽지 않다. 두 피자집이 더 이상의 분쟁 없이 원래의 맛을 유지해 주었으면 한다.

:: 참조 ::

• 캐럴 헬스토스키, 김지선 역, 『피자의 지구사』, 휴머니스트, 2011

• http://www.nyculturebeat.com